應用修辭學

蔡宗陽◎著

目錄

陳序

大約五、六年前，在一次喜宴上，湊巧和戴璉璋、黃慶萱兩位教授共坐一桌，便乘機請他們爲《國文天地》寫有關文法與修辭教學的專欄。因爲都很忙，無法兼顧，就分別推薦了楊如雪和本書作者蔡宗陽兩位教授來負責。果然不負所望，不但都得到了讀者廣大的回響，且在兩年前，先由楊如雪教授將她所發表的文章集結起來，以「文法ABC」爲名，由萬卷樓圖書公司出版，贏得普遍的好評。而如今又由蔡宗陽教授，以發表在《國文天地》的文章爲基礎，並適應目前高中一綱多本教材之出現，予以擴充，以「應用修辭學」爲名，也由萬卷樓圖書公司出版，相信對中學的國文教師來說，將有極大幫助。

一般說來，文章的藝術形式雖包羅甚廣，但如舉其大者而言，則不外文法、辭格、章法與風格而已。其中文法與辭格，乃偏於字句之部分；而章法與風格，則屬於篇章之範疇。本書的作者對此，均一直關注，且深造有得。尤其是對辭格之研究，用力特勤，發表了不少論著，影響頗廣。就以本書來說，除了談十九個重要辭格之理論與應用外，又談了兼格的修辭現象，並將容易混淆的幾個辭格（譬喻與轉化、譬喻與象徵、對偶與排比）作了相當精細的比較分析；此外，更談到了修辭的教學與命題。牢籠既周遍，說明又都深入而淺出。這樣，受到大眾的喝采，是可預期的。

經不斷的催請，過了一年多，這本書終於要和大家見面了。就在此出版前夕，對它寫作的因由和重要內容，略綴數語，藉以表示慶賀的意思。

陳滿銘　民國九十年五月十二日
序於國立台灣師範大學國文系

自序

修辭是文學的美容師，修辭可以美化文學，文學可以美化人生。修辭在國中、高中國文教學上的應用，占有一席重要的地位，因此本書命名爲《應用修辭學》。

《應用修辭學》舉例以國中、高中國文課文爲主，以課外文章爲輔。本書分爲基礎篇、理論與應用篇、比較篇、教學篇、考試篇。基礎篇先闡述修辭格的辨析原則，再析論兼格修辭的辨別。理論與應用篇先闡論傳情達意的修辭格，再闡析形式美妙的修辭格。比較篇先比較譬喻與轉化、象徵的區別，再比較排比與對偶的不同。教學篇則先闡述修辭的教學目標，再從比較法談修辭教學，最後詮證修辭與作文教學。第五章考試篇，先解析近三年來大學聯考國文科修辭題，再解析近三年來大學甄試國文科修辭題。本書以理論與實際兼顧爲主，至盼能夠達到學以致用的效果。

《應用修辭學》的文章，大部分係在《國文天地》撰寫專欄的文章，因此由萬卷樓出版公司印行。本書預定在五年前，就要出版，但由於後來兼任學校行政工作，延至今日才誕生。這本書能夠順利誕生，完全要感謝國立臺灣師範大學國文系教授陳滿銘老師一再催促，才能和讀者見面。尤其是陳老師幫忙寫序，在此致上萬分敬意與謝意。最後期盼中學國文老師暨國內外專家學者不吝賜教，則幸甚矣。

蔡宗陽謹識

中華民國九十年三月二十六日於
國立臺灣師範大學國文學系

第一章　基礎篇

第一節　辭格的辨析

「修辭格」，簡稱「辭格」，又稱「修辭技巧」、「修辭方式」、「修辭方法」、「表現手段」。①國中在國文第五冊語文常識介紹十種修辭格：感嘆、設問、摹寫、引用、誇飾、譬喻、轉化、映襯、倒反、對偶。但陳品卿教授在《國民中學國文教師手冊》（第五冊）多介紹五種修辭格：類疊、對偶、排比、層遞、頂眞。②高中《文法與修辭》介紹二十一種辭格：感歎、設問、引用、轉品、誇飾、譬喻、借代、轉化、映襯、雙關、示現、呼告、類疊、鑲嵌、對偶、排比、層遞、頂針、回文、錯綜、跳脫。如何辨別分析這些修辭格，這是大家所關心的課題。

不論是中學老師或學生，在分析辭格時，經常發生兩種或兩種以上的答案，不知孰是孰非？時常爭得面紅耳赤，但仍然找不出正確答案，其關鍵何在？最主要的關鍵，在於辭格的辨析，必須掌握四個原則：㈠就整體內容而言，㈡就整體形式而言，㈢就部分內容而言，㈣就部分形式而言。然而，一般只考慮其中一項，因此各照隅隙，鮮觀衢路。茲分別學例闡析之。例如《論語・爲政》：

人而無信，不知其可也。大車無輗，小車無軏，其何以行之哉？

此章說明信用的重要，人無信不立。這例句就整體形式而言，是「譬喩」中的「略喩」。全句原文當作「人而無信，不知其可也。（如）大車無輗，小車無軏，其何以行之哉？」「人而無信，不知其可也」，是「喩體」。「大車無輗，小車無軏，其何以行之哉？」是「喩依」。省略「喩詞」（如）。因此，全句是「明喩」。但若就部分形式而言，「大車無輗，小車無軏，其何以行之哉？」是「設問」中的「激問」。所謂「激問」，是「問而不答」，答案在問題的反面。全句當作「大車無輗，小車無軏，是不能行」。「大車無輗，小車無軏」，就「大車」、「小車」而言，是「映襯」；就重複使用「無」字，又是「類疊」中的「類字」。綜觀所論，從不同角度分析，會產生不同的辭格，這例句含有「譬喩」、「設問」、「映襯」、「類疊」等四種辭格。

又如《論語・爲政》：

學而不思則罔，思而不學則殆。

此章強調學習和思考，缺一不可，必須二者並重。就整體形式而言，是「對偶」中的「寬對」。「學」與「思」相對，「罔」與「殆」相對，「而不」、「則」重複使用，因此全句屬於「寬對」。就部分形式而言，「學而不思」、「思而不學」，是「回文」。以反覆運用「而不」、「則」，又是「類疊」中的「類字」。由此可知，這例句含有「對偶」、「回文」、「類疊」三個辭格。

又如《論語・述而》：

志於道，據於德，依於仁，游於藝。

此章闡述求學悟道的要領。就整體形式而言，全句是「排比」，但小句排列整齊。就部分形式而言，反覆使用「於」字四次，又是「類疊」中的「類字」。因此，國文老師命題必須多留意，以免爭議不休。命題方式有三：

(一)除了運用「排比」之外，還有下列哪一個辭格？

(二)就整體形式而言，屬於何類辭格？

(三)就部分形式而言，屬於何類辭格？

又如《論語・季氏》：

君子有三戒：少之時，血氣未定，戒之在色；及其壯也，血氣方剛，戒之在鬥；及其老也，血氣既衰，戒之在得。

此章闡論少年戒之在色，壯年戒之在鬥，老年戒之在得。就整體形式而言，三個長句排列很整齊，屬於「排比」。就整體內容而言，少年、壯年、老年是人生三個階段，又是「層遞」。

又如《孟子・公孫丑下》：

天時不如地利，地利不如人和。

此章闡明要得天下，必先得民心。就整體內容而言，依照天時、地利、人和的順序，是「層遞」。就部分形式而言，反覆使用「地利」，屬於「頂針」。因此，這例句含有「層遞」、「頂針」兩種修辭格。又如《論語·雍也》：「知之者不如好之者，好之者不如樂之者。」這也是「層遞」兼「頂針」。又如《大學》：「物格而后知至，知至而后意誠，意誠而后心正，心正而后身脩，身脩而后家齊，家齊而后國治，國治而后天下平。」這也是「層遞」兼「頂針」。又如《中庸·第二十二章》：「唯天下至誠，爲能盡其性；能盡其性，則能盡人之性；能盡人之性，則能盡物之性；能盡物之性，則可以贊天地之化育；可以贊天地之化育，則可以與天地參矣。」這也是「層遞」兼「頂針」。

又如《中庸·第一章》：

天命之謂性，率性之謂道，脩道之謂教。

此章說明道的本源。就整體形式而言，三句排列整齊，屬於「排比」。就整體內容而言，依照性、道、教的順序，是「層遞」。就部分形式而言，反覆使用「之謂」三次，又是「類疊」中的「類字」。全句運用「排比」、「層遞」、「類疊」三種辭格。

又如周敦頤〈愛蓮說〉：

菊，花之隱逸者也；牡丹，花之富貴者也；蓮，花之君子者也。

作者將「菊」比作「隱逸」，「牡丹」比作「富貴」，「蓮」比做「君子」。就整體形式而言，三個長句形式結構相似，是「排比」。就部分內容而言，「菊，花之隱逸者也」，是「轉化」。「牡丹，花之富貴者也」，也是「轉化」。「蓮，花之君子者也」，也是「轉化」。若將「花之」二字刪掉，才是「譬喻」。

又如朱自清〈春〉：

紅的像火，粉的像霞，白的像雪。

作者形容春天的花有各種不同的顏色。就整體形式而言，三小句排列整齊，屬於「排比」。就部分形式而言，是三個「譬喻」；「紅的」、「粉的」、「白的」，是「喻體」；「像」，是「喻詞」；「火」、「霞」、「雪」，是「喻依」。三小句都是「譬喻」中的

「明喻」。其實，仔細探討，又省略了一個「花」字，全句當作「紅的（花）像火，粉的（花）像霞，白的（花）像雪。」因此，全句又是「省略」。

又如梁啓超〈學問之趣味〉：

賭錢，有趣味嗎？輸了，怎麼樣？吃酒，有趣味嗎？病了，怎麼樣？做官，有趣味嗎？沒有官做的時候，怎麼樣？

作者認爲趣味必須是正當的、合理的，否則在短時間內雖有趣味，結果會鬧到「沒趣一齊來」。就整體形式而言，是三個「設問」組成，屬於「設問」中的「多問不答」。就部分形式而言，反覆使用「有趣味嗎」、「怎麼樣」各三次，屬於「類疊」。

又如諸葛亮〈出師表〉：

親賢臣，遠小人，此先漢所以興隆也；親小人，遠賢臣，此後漢所以傾頹也。

作者闡論國家的興隆，在於是否任用賢臣，遠離小人。就整體形式而言，上下兩個長句形式結構相似，屬於「排比」。就部分內容而言，「親賢臣，遠小人」，是「對偶」；「親小人，遠賢臣」，也是「對偶」。就部分形式而言，「親」與「遠」、「賢臣」與「小人」、「興隆」與「傾頹」，都是正反強烈對比，皆屬於「映襯」。因此，這例句運用了「排比」、「對偶」、「映襯」三種辭格。

以上所列舉的例句，都是運用兩種或兩種以上的辭格，也有僅運用一種辭格，一看就知道，不必深入分析。例如《論語・學而》：「君子務本，本立而道生。」是「頂針」，又叫「頂眞」。又如〈憲問〉：「君子上達，小人下達。」是「映襯」。又如劉禹錫〈陋室銘〉：「南陽諸葛廬，西蜀子雲亭。」是「對偶」。又如：陳之藩〈失根的蘭花〉：「校園美得像首詩，也像幅畫。」是「譬喻」。又如蘇軾〈教戰守策〉：「天下之勢，譬如一身。」也是「譬喻」。又如李白〈登金陵鳳凰臺〉：「吳宮花草埋幽徑，晋代衣冠成古邱。」是「對偶」。

辭格的辨析，若是例句僅用一種辭格，比較沒有爭議。若是例句運用兩種或兩種以上的辭格，必須仔細分析，才不會有爭論，否則會產生爭議。仔細分析辭格，惟有把握整體、部分、內容、形式四個要素，就可以一清二楚。

第二節　兼格的修辭

㈠前言

一般辨析修辭格，易於混淆的原因，在於兼格的修辭。所謂兼格的修辭，是指在語文中，含有兩種或兩種以上的修辭格的一種修辭技巧。

爲什麼會有兼格修辭的現象？因爲分析辭格必須把握四項原則：㈠整體內容，㈡整體形式，㈢部分內容，㈣部分形式。由於四項原則，包含不同修辭格。因此，國文科段考、模擬考、聯考，若題幹不周延，易於產生爭議性的答案。

㈡兼格修辭的例證

兼格修辭的例證，可分爲國中國文課本和高中國文課本及中國文化基本教材三部分，舉例加以詮證。

1、國中國文課本部分

有關兼格的修辭，在國中國文課裡本有很多例子，例如梁啓超〈最苦與最樂〉：

盡得大的責任，就得大快樂；盡得小的責任，就得小快樂。

就部分內容而言，「大的責任」與「小的責任」、「大快樂」與「小快樂」，是正反強烈對比，屬於映襯。就整體形式而言，是排比。就部分形式而言，間隔使用「盡得」、「就得」各兩次，是類疊中的類字。因此，這例句含有映襯、排比、類疊三種修辭格。

又如朱自清〈春〉：

山朗潤起來了，水長起來了，太陽的臉紅起來了。

就整體形式而言，是排比。就部分形式而言，間隔使用「起來了」三次，是類疊中的類字。若就「太陽的臉紅起來了」而言，是轉化中的人性化，也是一般所說的比擬，屬於比擬中的擬人化。所以，這例句含有排比、類疊、轉化三種修辭格。

又如何仲英〈享福與吃苦〉：

吃苦的人多，享現成福的人少，社會國家自然富強；吃苦的人少，享現成福的人多，社會國家自然衰弱。

就整體形式而言，是排比。就部分內容而言，「多」與「少」、「富強」與「衰弱」，是正反強烈對比，是映襯。就部分形式而言，間隔使用相同的「吃苦的人」、「享現成福的人」、「社會國家自然」，是類疊。因此，這例句含有排比、映襯、類疊三種修辭格。

又如邵僩〈汗水的啓示〉：

> 交通警察的後背溼了又乾，乾了又溼。

「溼了又乾，乾了又溼」，就整體內容而言，是回文。就部分形式而言，上下句使用同一個「乾」字，是頂針（也叫頂眞）；間隔使用「了又」兩次，是類疊。所以，這例句含有回文、頂針、類疊三種修辭格。

又如殷穎〈品泉〉：

> 無論是澎湃的思潮或涓涓的情致，發而為一首詩、一篇文，或一支歌，都是一種珍貴的泉水，可以耐人品嘗，而滋養人的性靈。

「一首詩、一篇文，或一支歌」，就整體形式而言，是排比。就部分形式而言，間隔使用相同的「一」字三次，是類疊；「首」、「篇」、「支」，都是作用相同的量詞，這裡求變化，求美，是錯綜中的抽換詞面。因此，這例句含有排比、類疊、錯綜三種修辭格。

2、高中國文課本部分

有關兼格的修辭，在高中國文課本也不乏其例，例如張秀亞〈談靜〉：

只有在幽獨、寧靜之中，你才可以悄然的蓄集你生命的力量，如涓滴之歸向大海，如塵沙之堆積邱山，不知不覺間，形成了你的強力與偉大。

「只有在幽獨、寧靜之中，你才可以悄然的蓄集你生命的力量」，是喻體。「如」，是喻詞。「涓滴之歸向大海」、「塵沙之堆積邱山」，是喻依。「如涓滴之歸向大海，如塵沙之堆積邱山」，就放寬而言，是對偶中的寬對；就嚴格而言，是排比。就部分形式而言，間隔使用相同的「如」、「之」各兩次，是類疊：「涓滴」對「塵沙」、「歸向」對「堆積」、「大海」對「邱山」，是對偶。就整體形式而言，是排比。所以，這例句含有譬喻、排比、對偶、類疊四種修辭格。

又如連橫〈臺灣通史序〉：

顧修史固難，修臺之史更難，以今日修之尤難，何也？斷簡殘編，蒐羅匪易；郭公夏五，疑信相參；則徵文難。

就整體形式而言，是自問自答的設問。「修史固難，修臺之史更難，以今日修之尤難」，就整體內容而言，是層遞。就部分形式而言，間隔使用相同的「難」字三次，又是類疊中的類字。因此，這例句兼有設問、層遞、類疊三種修辭格。

又如魏徵〈諫太宗十思疏〉：

臣聞求木之長者，必固其根本；欲流之遠者，必浚其泉源；思國之安者，必積其德義。

從整體形式而言，是倒裝式的略喻。正常語序是「思國之安者，必積其德義，（如）求木之長者，必固其根本；（如）欲流之遠者，必浚其泉源」。從部分形式而言，間隔使用相同的「之」、「者」、「必」、「其」各三次，是類疊中的類字。所以，這例句兼有排比、類疊兩種修辭格。

又如《荀子・勸學》：

鍥而舍之，朽木不折；鍥而不舍，金石可鏤。

就整體內容而言，是映襯。「鍥而舍之」與「鍥而不舍」、「朽木不折」與「金石可鏤」，都是正反强烈對比，屬於映襯。就整體形式而言，是排比。就部分形式而言，是類疊。間隔使用「鍥而」兩次，是類疊中的類字。因此，這例句兼有映襯、排比、類疊三種修辭格。

3、中國文化基本教材

有關兼格的修辭，在中國文化基本教材有甚多例子，例如《論語．爲政》：

子曰：「吾十有五而志於學，三十而立，四十而不惑，五十而知天命，六十而耳順，七十而從心所欲，不踰矩。」

這是孔子自述爲學的歷程和進境。「十有五」、「三十」、「四十」、「五十」、「六十」、「七十」，這是層遞。就整體內容而言，是層遞。就整體形式而言，是排比。就部分形式而言，間隔使用同一個「而」字六次，是類疊中的類字。所以，這例句兼有層遞、排比、類疊三種修辭格。

又如《論語．里仁》：

子曰：「君子懷德，小人懷土；君子懷刑，小人懷惠。」

就全句而言，是引用。「君子懷德，小人懷土；君子懷刑，小人懷惠。」就整體形式而言，是排比。「君子」與「小人」，是正反對比，因此就整體內容而言，是映襯。就部分形式而言，間隔使用「懷」字四次，是類疊中的類字。因此，這例句兼有引用、排比、映襯、類疊四種修辭格。

又如《孟子・公孫丑下》：

天時不如地利，地利不如人和。

就整體內容而言，「天時」、「地利」、「人和」，是層遞。就部分形式而言，上下句都用「地利」二字，是頂針；間隔使用「不如」二字兩次，是類疊；「天時」對「地利」、「地利」對「人和」，又是對偶。就整體形式而言，是排比。所以，這例句兼有層遞、頂針、類疊、對偶、排比五種修辭格。

又如《孟子・滕文公下》：

富貴不能淫，貧賤不能移，威武不能屈，此之謂大丈夫！

「富貴不能淫，貧賤不能移，威武不能屈」，就整體形式而言，是排比；就部分形式而言，間隔使用「不能」兩字三次，是類疊。因此，這例句兼有排比、類疊兩種修辭格。

㈢結論

兼格的修辭，以整體內容、整體形式、部分內容、部分形式等四項原則，加以分辨，自然瞭若指掌，不易混淆。一般產生爭議性的問題，多半在於兼格的修辭。若能解決兼格修辭的問題，必然沒有紛爭。

附註

①見國立空中大學人文學系編《人文學報》，民國八十一年四月出版，頁一。

②詳見國立編譯館主編《國民中學國文教師手册》（第五册），民國七十五年八月出版，頁二五五至二六〇。頂眞，又叫頂針。黃師慶萱《高級中學文法與修辭教師手册》（下册）說：「在修辭學上，意指後句首字用前句末字，如『頂針』之頂『針』然。早期修辭學書，字多作『頂眞』，蓋假借

『眞』字爲『針』字。今細檢古書，原多作『頂針』。」

第二章　理論與應用篇（上）

第一節　譬喻的解說與活用

譬喻，又叫比喻、取譬、取喻，也叫辟（譬）、比、打比方。①譬喻在古今詩文中，運用最廣。正如《禮記・學記》說：「不學博依，不能安詩。」譬喻有三大功用：㈠是幫助解說，㈡是形容美化，㈢是暗示作用。可見譬喻的重要性。

譬喻的分類，見仁見智，基本類型分為明喻、隱喻、略喻、借喻四種，變化類型又可以分為四十多種。②本文以四種基本類型為經，八十一學年度的國中國文、高中國文、文化基本教材為緯，並斟酌採用古今名家文章，以解說、活用為主，使教師易教，學生易學。

㈠明喻

明喻是喻體、喻詞、喻依三者具備的譬喻。③明喻的例句，在譬喻中，占最多，也是運用最廣。例如林良〈父親的信〉：

朋友能增長你的知識，擴充你的生活經驗，所以朋友真像是一本一本的好書。

「朋友」是「喻體」，「像」是「喻詞」，「好書」是「喻依」。朋友有好壞之分，正如同書有良窳之別，因此交友必須謹慎選擇。好朋友就像好書，我們也可以說：壞朋友就像不良書刊。好朋友既可以增長我們知識，又可以擴充我們的生活經驗；好書也是如此。所以，作者才用好書作譬喻。

活用練習：好朋友眞像（　　　　　）；酒肉朋友眞像（　　　　　）。

參考答案：好朋友眞像（一面鏡子）；酒肉朋友眞像（包有糖衣的毒藥）。

教師可以引導學生聯想不同的「喻依」，啓發學生更多的思考。以下仿此，不再贅述。

又如甘績瑞〈從今天起〉：

去惡，如農夫之務去草焉。

「去惡」是「喻體」，「如」是「喻詞」，「農夫之務去草焉」是「喻依」。農夫最怕雜草吸收農作物的養分，因此斬草必定除根，以免春風吹又生。一個人的惡習慣，也很怕再死灰復燃，因此，革除惡習慣要像農夫除草，必須連根拔起。

活用練習：去惡，如（　　　　）。

參考答案：去惡，如（醫師之務去病人毒瘤）。

又如邵僩〈汗水的啓示〉：

工廠裡的作業員揮汗如雨的工作。

「揮汗」是「喻體」，「如」是「喻詞」，「雨」是「喻依」。雨水很多，汗水也很多，所以用「雨水」來譬喻「汗水」。也有用「汗如雨下」，來形容汗流浹背的情形。

活用練習：汗如（　　　　）。

參考答案：汗如（泉湧）。汗如（雨下）。

又如朱自清〈匆匆〉：

過去的日子，如輕煙，被微風吹散了；如薄霧，被初陽蒸融了。

「過去的日子」是「喻體」，「如」是「喻詞」，「輕煙，被微風吹散了」、「薄霧，被初陽蒸融了」都是「喻依」。依基本類型，歸入「明喻」；依變化類型，大陸學者歸入「博喻」，筆者稱爲「連續式的明喻」。「輕煙，被微風吹散了」、「薄霧，被初陽蒸融了」，都是形容很快消失。這裡是用譬喻來說明過去的日子很快就消失了。

活用練習：過去的日子，如（　　　）；如（　　　）。

參考答案：過去的日子，如（春夢，被雷公驚醒了）；如（甜睡，被噪音吵醒了）。

又如梁實秋〈鳥〉：

牠（指鳥）倏地振翅飛去，牠不回顧，牠不徘徊，牠像虹似地一下就消逝了。

「牠（指鳥）」是「喻體」，「像……似」是「喻詞」，「虹」是「喻依」。「虹」是雨後初晴才出現，但也很快就消逝，因此用來譬喻「鳥」很快地振翅飛去。

活用練習：鳥像（　　　）似地一下就消逝了。

參考答案：鳥像（閃電）似地一下就消逝了。

又如陳衡哲〈居里夫人小傳〉：

居里先生的名望正如日到中天的時候，一夕從朋友處走回家的途中，他突然地被一輛馬車壓死了。

「居里先生的名望」是「喻體」，「如」是「喻詞」，「日到中天」是「喻依」。「日到中天」，是形容極高，用來譬喻「名望」到了極高的時候。

活用練習：他的名望正如（　　　）的時候，不幸因病去世。

參考答案：他的名望正如（日升月恆）的時候，不幸因病去世。

又如鍾梅音〈鄉居情趣〉：

柔軟似絮、輕勻如綃的浮雲，簇擁著盈盈皓月從海面冉冉上昇。

「柔軟」、「輕勻」都是「喻體」，「似」、「如」都是「喻詞」，「絮」、「綃」都是「喻依」。「絮」是柔軟，「綃」是輕巧勻淨，因此用來形容「浮雲」。

活用練習：柔軟似（　　）、輕勻如（　　）的浮雲。

參考答案：柔軟似（銀髮）、輕勻如（白練）的浮雲。

又如陳之藩〈失根的蘭花〉：

校園美得像首詩，也像幅畫。

「校園」是「喻體」，「像」是「喻詞」，「詩」、「畫」都是「喻依」。「詩」是最精煉的散文，也是最美的文章，因此用來譬喻「校園」的美。「畫」是表現自然的美，所以也用來譬喻「校園」的美。

活用練習：校園美得像（　　），也像（　　）。

參考答案：校園美得像（明山秀水），也像（名勝古蹟）。

又如方苞〈左忠毅公軼事〉：

公辨其聲，而目不可開，乃奮臂以指撥眥，目光如炬。

「目光」是「喻體」，「如」是「喻詞」，「炬」是「喻依」。「炬」就是火把，火把十分明亮，因此用來譬喻「目光」。

活用練習：目光如（　　　）。

參考答案：目光如（熊熊烈火）。目光如（營火）。

又如蘇軾〈稼說送張琥〉：

鋤、耰、銍、艾相尋於其上者如魚鱗，而地力竭矣。

「鋤、耰、銍、艾相尋於其上者」是「喻體」，「如」是「喻詞」，「魚鱗」是「喻依」。「魚鱗」，魚身上有很多鱗，用來譬喻「鋤、耰、銍、艾」很多。

活用練習：鋤、耰、銍、艾相尋於其上者如（　　　）。

參考答案：鋤、钁、銍、艾相尋於其上者如（竹林）。

又如酈道元〈水經江水注〉：

今灘上有石，或圓如簞，或方似屋。

「（石）圓」、「（石）方」都是「喻體」，「如」、「似」都是「喻詞」，「簞」、「屋」都是「喻依」。「簞」是圓形，用來譬喻石頭的圓形。「屋」是方形，用來譬喻石頭的方形。

活用練習：石圓如（　　　），石方似（　　　）。

參考答案：石圓如（鐘鼎），石方似（宮殿）。

又如《論語・子罕》：

子在川上，曰：「逝者如斯夫！不舍晝夜。」

「逝者」是「喻體」，「如」是「喻詞」，「斯（指川）」是「喻依」。河水的奔流，是無一刻停止，用來譬喻時光的消逝，也是無一刻停止。

活用練習：光陰的消逝，如（　　　）。

參考答案：光陰的消逝，如（高山的瀑布）。

又如《國語・晉語九》：

人之有學也，猶木之有枝葉也。

「人之有學也」是「喻體」，「猶」是「喻詞」，「木之有枝葉也」是「喻依」。樹木有枝葉，可以納涼，用來譬喻人有了學問，可以濟世。

活用練習：人之有學也，猶（　　　）。

參考答案：人之有學也，猶（車之有廂也）。

又如吳怡《一束稻草・愁》：

愁好像味精，少放一點，滋味無窮；多放了，就要倒盡胃口。

「愁」是「喻體」，「好像」是「喻詞」，「味精」是「喻依」。「味精」不能用太多，過猶不及，必須適可而止，憂愁也是如此，因此用「味精」來譬喻「憂愁」。

活用練習：憂愁如（　　），少放一些，滋味無窮。

參考答案：憂愁如（鹽巴），少放一些，滋味無窮。憂愁如（醬酒），少放一些，滋味無窮。

㈡隱喻

隱喻又叫暗喻，也是喻體、喻詞、喻依三者具備的譬喻，惟一不同，是「喻詞」含有好像之意，在白話文用「是」字，文言文在句末用「也」字。例如熊崑珍〈路〉：

路，是無聲的語言，無形的文字；它溝通了思想、文化，聯絡起感情、友誼。

「路」是「喻體」，「是」是「喻詞」，「無聲的語言，無形的文字」是「喻依」。「語言、文字」既可以溝通思想、感情，又可以聯絡感情、友誼，因此用來譬喻「路」的功用。

活用練習：街是（　　　　　　）。

參考答案：街是（一條川流不息的河）。

又如徐志摩〈我所知道的康橋〉：

村舍與樹林是這地盤上的棋子，有村舍處有佳蔭，有佳蔭處有村舍。

「村舍與樹林」是「喻體」，「是」是「喻詞」，「地盤上的棋子」是「喻依」。村舍、樹林很像棋盤上的棋子一般的星羅棋布，因此用棋子來譬喻村舍、樹林。

又如夏丏尊〈觸發〉：

竹解虛心是我師。

「竹解虛心」是「喻體」，「是」是「喻詞」，「我師」是「喻依」。竹中中空，含有虛心之意，表示謙虛之心。謙虛可以使人受益，正如同老師教學生，使學生獲益良多，因此用「竹解虛心」來譬喻「我師」。

活用練習：竹解虛心是（　　　　）。

參考答案：竹解虛心是（良師益友）。

又如梁啓超〈敬業與樂業〉：

沒有職業的懶人，簡直是社會上蛀米蟲，簡直是「掠奪別人勤勞結果」的盜賊。

「沒有職業的懶人」是「喻體」，「是」是「喻詞」，「社會上蛀米蟲」、「『掠奪別人勤勞結果』的盜賊」都是「喻依」。「蛀米蟲」、「盜賊」都是坐享其成，因此用來譬喻好吃不做的懶人。

活用練習：爲非作歹的人是（　　　　）。

參考答案：爲非作歹的人是（害羣之馬）。

又如陳之藩〈哲學家皇帝〉：

人生是一奮鬥的戰場，到處充滿了血滴與火光，不要作一甘受宰割的牛羊，在戰鬥

中，要精神煥發，要步伐昂揚！

「人生」是「喻體」，「是」是「喻詞」，「奮鬥的戰場」是「喻依」。人生必須不斷地奮鬥，應該精神煥發，步伐昂揚，因此用「戰場」來譬喻「人生」。

活用練習：人生是（　　　）。

參考答案：人生是（夢）。人生是（戲）。人生是（朝露）。人生是（南柯一夢）。

又如徐志摩〈翡冷翠山居閒話〉：

自然是最偉大的一部書，葛德說，在他每一頁的字句裡我們讀得最深奧的消息。

「自然」是「喻體」，「是」是「喻詞」，「最偉大的一部書」是「喻依」。書中所記載的各種內容，也是自然所呈現的，因此用「最偉大的一部書」來譬喻「自然」。

活用練習：字典是（　　　）。

參考答案：字典是（不會說話的老師）。

又如《孟子・滕文公上》：

君子之德，風也；小人之德，草也。

「君子之德」、「小人之德」都是「喻體」，「也」是「喻詞」，「風」、「草」都是「喻依」。「風」往東邊吹，「草」就往東邊倒，「風」不論吹向何方，「草」必然隨著風的方向而倒，因此用「風」來譬喻「君子」，用「草」來譬喻「小人」。「君子」，指在位者。「小人」，指老百姓。

活用練習：仁君，（　　　）也；暴君，（　　　）。

參考答案：仁君，（冬日之日）也；暴君，（夏日之日）也。

又如林語堂〈論東西文化幽默〉：

幽默是人類心靈的花朵。

「幽默」是「喻體」，「是」是「喻詞」，「人類心靈的花朵」是「喻依」。幽默可以使人心花朵朵開，因此用「心靈的花朵」來譬喻「幽默」。

活用練習：詩是（　　）。

參考答案：詩是（不凋的花朵）。詩是（一隻能言鳥）。詩是（跳舞）。

又如許雪銀〈太陽〉：

太陽是大地的母親，大地萬物在他的愛裡欣欣向榮。

「太陽」是「喻體」，「是」是「喻詞」，「大地的母親」是「喻依」。「太陽」像母親撫愛小孩一樣地愛護大地萬物，使大地萬物欣欣向榮，因此用「大地的母親」來譬喻「太陽」。

活用練習：愛是（　　）。

參考答案：愛是（情感的花朵）。愛是（心靈的甘露）。愛是（生命的陽光）。

㈢略喻

略喻是省略「喻詞」，僅剩下「喻體」、「喻依」的譬喻。例如陳源〈哀思〉：

我還記得有一天下午，特地到滬寧車站去，到時，車站裡面已經人山人海，擁擠不堪。

「人山人海」，順言當作「人如山，人如海」。「人」是「喻體」，「山」、「海」都是「喻依」。省略「喻詞」（如），所以是「略喻」。人數如山如海一樣的衆多，因此用「山」、「海」來譬喻「人」數的衆多。

活用練習：學（　　　）無涯，唯勤是岸。

參考答案：學（海）無涯，唯勤是岸。

（學問浩如煙海，簡稱爲「學海」，省略「喻詞」。）

又如佚名〈木蘭詩〉：

當窗理雲鬢，對鏡貼花黃。

「雲鬢」，順言當作「鬢如雲」。「鬢」是「喻體」，「雲」是「喻依」。鬢髮像烏雲一樣的黑，因此用「雲」來譬喻黑的「鬢」髮。

活用練習：年高德劭的（　　）髮老人。

參考答案：年高德劭的（銀）髮老人。

又如魏徵〈諫太宗十思疏〉：

求木之長者，必固其根本；欲流之遠者，必浚其泉源；思國之安者，必積其德義。

「思國之安者，必積其德義」是「喻體」。「求木之長者，必固其根本」、「欲流之遠者，必浚其泉源」，都是「喻依」。「喻詞」省略。全句是倒裝式的「略喻」。鞏固樹根，樹木自然成長；浚深泉源，流水自然長遠；國君累積德義，國家自然安定。因此，用「樹木」、「流水」來譬喻「國家」。

活用練習：（　　）；（　　）；王者不卻衆庶，故能明其德。

參考答案：（泰山不讓土壤，故能成其大）；（河海不擇細流，故能就其深）；王者不卻衆庶，故能明其德。

又如《荀子．勸學》：

不登高山，不知天之高也；不臨深谿，不知地之厚也；不聞先王之遺言，不知學問之大也。

「不聞先王之遺言，不知學問之大也」，是「喻體」。「不登高山，不知天之高也」、「不臨深谿，不知地之厚也」，那是「喻依」。省略「喻詞」。全句是倒裝式的「略喻」。登高山，可知天高；臨深谿，可知地厚；聞先王遺言，可知學問廣博。因此，用「登高山」、「臨深谿」來譬喻「聞先生遺言」。

活用練習：（　　　　）；（　　　　）；堯舜之道，不以仁政，不能平治天下。

參考答案：（離婁之明，公輸子之巧，不以規矩，不能成方圓）；（師曠之聰，不以六律，不能正五音）；堯舜之道，不以仁政，不能平治天下。

又如《禮記・學記》：

玉不琢，不成器；人不學，不知道。

「人不學，不知道」，是「喻體」；「玉不琢，不成器」，是「喻依」。省略「喻詞」。全句是倒裝式的「略喻」。一個人不學習，不明白做人做事的道理，就像寶玉不雕琢，不能成爲美好的器皿。因此，用「玉」來譬喻「人」。

活用練習：（　　），（　　）；友情，聯繫於兩心之間。

參考答案：（橋），（搭築在兩岸之間）；友情，聯繫於兩心之間。

又如司馬遷《史記・留侯世家》：

忠言逆耳利於行，良藥苦口利於病。

「忠言逆耳利於行」，是「喻體」。「良藥苦口利於病」，是「喻依」。省略「喻詞」。全句是「略喻」。「忠言」雖然「逆耳」，卻有「利於行」；「良藥」雖然「苦口」，卻有「利於病」。因此，用「良藥」來譬喻「忠言」。

活用練習：人急造反，（　　）。

參考答案：人急造反，（狗急跳牆）。

(四)借喻

借喻，是省略「喻體」、「喻詞」，僅剩下「喻依」的譬喻。例如楊喚〈夏夜〉：

撒了滿天的珍珠和一個又圓又白的玉盤。

借「珍珠」來譬喻「星星」，借「玉盤」來譬喻「月亮」。順言當作「星星如珍珠」、「月亮如玉盤」。「星星」、「月亮」，都是「喻體」。「如」是「喻詞」。「珍珠」、「玉盤」，都是「喻依」。省略「喻體」、「喻詞」，只剩下「喻依」，因此「珍珠」、「玉盤」都是「借喻」。

活用練習：他接到了一枚（　　　），將要破費。

參考答案：他接到了一枚（紅色炸彈），將要破費。

（一枚紅色炸彈，比喻一張紅色帖子。）

又如吳均〈與宋元思書〉：

> 鳶飛戾天者，望峯息心。

借「鳶飛戾天」來譬喻「人一心追求飛黃騰達」。順言當作「人一心追求飛黃騰達如鳶飛戾天」。「人一心追求飛黃騰達」是「喻體」，「如」是「喻詞」，「鳶飛戾天」是「喻依」。省略「喻體」、「喻詞」，僅剩下「喻依」，所以「鳶飛戾天」是「借喻」。

活用練習：（　　　）的人，感情比以前更加融洽。

參考答案：（破鏡重圓）的人，感情比以前更加融洽。

（破鏡重圓，比喻夫妻離散之後復行團聚。）

又如林覺民〈與妻訣別書〉：

> 吾自遇汝以來，常願天下有情人都成眷屬；然遍地腥羶，滿街狼犬，稱心快意，幾家能夠？

借「遍地腥羶」來譬喻「當時政治腐敗」，借「滿街狼犬」來譬喻「當時官吏貪狠」。順言當作「當時政治腐敗如遍地腥羶」、「當時官吏貪狠如滿街狼犬」。「當時政治腐敗」、

「當時官吏貪狠」，都是「喻體」。「如」是「喻詞」。「遍地腥膻」、「滿街狠犬」，都是「喻依」。省略「喻體」、「喻詞」，僅剩下「喻依」，所以「遍地腥膻」、「滿街狠犬」都是「借喻」。

活用練習：在暴政統治下的人民過著（　　　　）的生活。

參考答案：在暴政統治下的人民過著（水深火熱）的生活。

（水深火熱，比喻困苦。）

又如顧炎武〈廉恥〉：

松柏後凋於歲寒，雞鳴不已於風雨，彼眾昏之日，固未嘗無獨醒之人也。

借「松柏後凋於歲寒」、「雞鳴不已於風雨」，來譬喻「君子處在亂世，不改變節操」。順言當作「君子處在亂世，不改變節操，如松柏後凋於歲寒，如雞鳴不已於風雨」。「君子處在亂世，不改變節操」，是「喻體」。「如」是「喻詞」。「松柏後凋於歲寒」、「雞鳴不已於風雨」，都是「喻依」。「喻體」、「喻詞」都省略，僅剩下「喻依」。

活用練習：許多黨國元老都逐漸（　　　　）。

參考答案：許多黨國元老都逐漸（老成凋謝）。

（老成凋謝，比喻人的死亡。）

又如梁實秋《雅舍小品・孩子》：

> 諺云：「樹大自直。」意思是說孩子不需管教，小時恣肆些，大了自然會好。可是彎曲的小樹，長大是否會直呢？我不敢說。

借「彎曲的小樹，長大是否會直」，來譬喻「頑劣的小孩，長大之後是否會學好」。順言當作「頑劣的小孩，長大之後是否會學好」如「彎曲的小樹，長大是否會直」。「頑劣的小孩，長大之後是否會學好」，是「喻體」。「如」是「喻詞」。「彎曲的小樹，長大是否會直」，是「喻依」。「喻體」、「喻詞」省略，只剩下「喻依」。

活用練習：浪子回頭金不換，只要肯放下屠刀，必能（　　　）。

參考答案：浪子回頭金不換，只要肯放下屠刀，必能（立地成佛）。

（「放下屠刀，立地成佛」，比喻知過能改，善莫大焉。）

譬喻的基本類型，除了明喻、隱喻、略喻、借喻之外，還有一種用「好像」、「像」、「若」以表示「未確定」語氣或舉例說明性質，看似「譬喻」的「喻詞」，其實不是譬喻，黃師慶萱《修辭學》稱之爲「假喻」。④

第二節　轉化的解說與活用

轉化，又叫比擬、擬化、假擬。所謂轉化，是指在語文中，敍述一件人事物時，轉變其原來性質，化成另一種本質截然不同的人事物，加以形容描寫的一種修辭技巧。

轉化的作用，袁志宏認爲有六項：㈠是可以托物言志。㈡是可以寓情於物，表達作者强烈的愛憎感情。㈢是可以增强諷刺幽默，加强文章的感染力。㈣是可以將無形的抽象事物描述得有聲有色，可見可聞。五是可以使敍述生動形象，加强文章的藝術感染力。六是可以製造氣氛，藉以傳情達意。⑤

轉化的原則，黃師慶萱認爲有三項：㈠是人性化的原則，必須創造親切或生動的世界。㈡是物性化的原則，必須顯現自由或權威的人生。㈢是形象化的原則，必須使抽象的人事物化爲具體或使感覺器官產生鮮明印象。⑥吳正吉也以爲有三項原則：㈠是情趣化，㈡是形象化，㈢是合理化。⑦沈謙認爲轉化的整體原則有二：㈠是物我交融，極態盡妍。㈡是抒情狀物，維妙維肖。⑧成偉鈞、唐仲揚、向宏業以爲運用轉化，還要注意下列三項：㈠是本體事物和擬作事物之間必須有一定的聯繫，能喚起人們的想像。㈡是要注意語言環境。㈢是注意感情色彩。⑨

轉化與譬喻的區別：黃師慶萱認爲譬喻就兩件不同事物的相似點著筆，是觀念內容的修整；轉化就兩件不同事物的可變處著筆，是觀念形式的改變。⑩楊子嬰、孫芳銘、王宜早以爲轉化是直接把「外物」當作人，或直接把人當作物；而譬喻，不論是明喻或隱喻，都是用另一種事物來比方、說明本事物。⑪

轉化的分類，黃師慶萱分爲人性化、物性化、形象化三種，又各分爲若干小類。⑫成偉鈞、唐仲揚、向宏業主編《修辭通鑒》將轉化分爲以動物擬人、以植物擬人、以無生物擬人、以事理擬人、人擬爲動物、人擬爲植物、擬無生物爲動詞、擬抽象事理爲物八種。⑬蔡謀芳將轉化分爲擬人轉化、擬物轉化、移情轉化三種。⑭以上各家分類，以黃師慶萱比較詳備。他將人性化（擬物爲人）又分爲名詞法、代名詞法、動詞法、形容詞法、副詞法、綜合用法等六小類。物性化，是擬人爲物，又分爲名詞法、動詞法、形容詞法、綜合用法等四小類。形象化，是擬虛爲實，又分爲擬人爲人、擬物爲物等兩小類。此外，又有轉化的綜合法。因限於篇幅，僅介紹人性化、物性化、形象化三大類，不再細分小類。

㈠人性化

人性化，又叫擬人化。所謂人性化，是指在語文中，把物當作人來描述，使物具有人的動作行爲、思想感情、音容笑貌的一種轉化修辭技巧。例如徐志摩〈我所知道的康橋〉：

怯伶伶的小雪球是探春信的小使。鈴蘭與香草是歡喜的初聲。窈窕的蓮馨、玲瓏的石水仙、愛熱鬧的克羅斯、耐辛苦的蒲公英與雛菊——這時候春光已是爛漫在人間，更不須殷勤問訊。

「怯伶伶」，擬物爲人，是「小雪球」的人性化。「歡喜的初聲」、「窈窕」、「愛熱鬧」、「耐辛苦」，也是擬物爲人，使「鈴蘭與香草」、「蓮馨」、「克羅斯」、「蒲公英」、「雛菊」人性化。

活用練習：那枝蠟燭十分（　　　）,修長的（　　　）,（　　　）著雪白的長衣，漿洗得十分清潔，熨燙得十分挺直，絲毫沒有（　　　）。

參考答案：那枝蠟燭十分（神氣），修長的（身體），（穿）著雪白的長衣，漿洗得十分清潔，熨燙得十分挺直，絲毫沒有（皺紋）。

（用「神氣」、「身體」、「穿」、「皺紋」，使蠟燭人性化。）

又如范仲淹〈岳陽樓記〉：

若夫霪雨霏霏，連月不開；陰風怒號，濁浪排空；日星隱耀，山岳潛形；商旅不行，檣傾楫摧。

「怒號」，是擬物爲人，使「陰風」人性化。

活用練習：旭日東昇，可以看到太陽的（　　　　）紅起來了。

參考答案：旭日東昇，可以看到太陽的（臉）紅起來了。

（用「臉」，使太陽人性化。）

㈡物性化

物性化，又叫擬物化。所謂物性化，是指在語文中，把人當作物來描繪的一種轉化修辭技巧。例如何仲英〈享福與吃苦〉：

特殊階級的人，坐享優越的生活權利；或擁遺產，或發遺財，或領乾薪，他們享現成福，用不著吃苦，也想不到世上有苦可吃，這真是人羣的蠹蟲。

「蠹蟲」，是擬人爲物，使「特殊階級的人」物性化。

活用練習：爲非作歹，違法亂紀的人，是社會的（　　），也是人類的（　　）。

參考答案：爲非作歹，違法亂紀的人，是社會的（害蟲），也是人類的（害羣之馬）。（用「害蟲」、「害羣之馬」，使「爲非作歹，違法亂紀的人」物性化。）

又如陳之藩〈哲學家皇帝〉：

愛因斯坦說：「專家還不是訓練有素的狗？」這話並不是偶然而發的，多少專家都是人事不知的狗，這種現象是會窒死一個文化的。

「訓練有素的狗」、「人事不知的狗」，都是擬人爲物，使「專家」物性化。

活用練習：鮮廉寡恥，貪生怕死的人遇到國家有了危難，很容易成爲敵人的（　　　）。

參考答案：鮮廉寡恥，貪生怕死的人遇到國家有了危難，很容易成爲敵人的（走狗）。

（用「走狗」，使「鮮廉寡恥，貪生怕死的人」物性化。）

㈢形象化

所謂形象化，是指在語文中，將抽象比擬具體的一種轉化修辭技巧。例如張曉風〈行道樹〉：

或許所有的人都早已習慣於污濁了，但我們（指行道樹）仍然固執地製造不被珍惜的清新。

「製造……清新」，是化抽象爲具體，使抽象的「清新」形象化。

活用練習：「人逢喜事精神爽」，金榜題名可以使人歡悅得（　　　）。

參考答案：「人逢喜事精神爽」，金榜題名可以使人歡悅得（心花朵朵開）。

（用「心花朵朵開」，使「歡悅」形象化。）

又如李密〈陳情表〉：

逮奉聖朝，沐浴清化。

「沐浴」，是化抽象爲具體，使抽象的「清化」形象化。

活用練習：每天（　　　）在書香中，可以使人心智更加開朗，生活更加豐贍。

參考答案：每天（沈浸）在書香中，可以使人心智更加開朗，生活更加豐贍。

轉化可以滿足人類豐富的想像，創造生動、活潑的世界，呈現自由、權威的人生，增强文章的感染力，我們何樂而不爲？

第三節　映襯的解說與活用

所謂映襯，是指在語文中，將兩種相反的觀念或事物，對立並列，互相比較，以便語氣更增强，意義更明顯的一種修辭技巧。映襯，又叫襯托、對照、對比。

映襯的作用有三：㈠是以此襯彼，使被陪襯的事物更加鮮明、更加突出、更加生動。㈡是以景襯情，使感情的表達更加深刻、更加充分。㈢是以非襯是，凸顯事物的好與壞，善與惡，是與非，美與醜，以便分清好壞、善惡、是非、美醜，加强說服力。⑮映襯的原則，黃師慶萱分爲三方面：就內容方面，有兩項原則：一是對比越强烈，印象越鮮明。二是事實不妨誇大，言詞卻要含蓄。就形式方面，也有兩項原則：一是採用譬喻、象徵的方式來表達。二是採用對偶、排比的句法來構造。就效果方面，也有兩項原則：一是必須形成文字的張力。二是必須要有嘲弄的效果。⑯

映襯的分類，黃師慶萱將映襯分爲反襯、對襯、雙襯三種⑰。黃永武就句意而言，映襯可分爲正襯、反襯兩種⑱；就句型而言，把映襯分爲以時間久暫爲對比、以空間遐邇爲對比兩種⑲。魏國珍就構成與作用的差別，將映襯分爲正襯、反襯、對襯三種。⑳成偉鈞、唐仲揚、向宏業主編《修辭通鑒》，把映襯分爲色彩相襯、時間空間相襯、物人相襯、物物相襯、情景相襯等五種。㉑茲依黃師慶萱的分類，加以闡析。

㈠反襯

所謂反襯，是指在語文中，對於一個人或一件事物，用恰恰與此種人、事、物的現象或本質相反的語詞，加以描繪的一種修辭技巧。例如羅家倫〈運動家的風度〉：

有運動家風度的人，寧可有光明的失敗，決不要不榮譽的成功！

「光明」，是正面意義；「失敗」，是反面意義。「不榮譽」，是反面意義，「成功」，是正面意義。因此，「光明的失敗」、「不榮譽的成功」都屬於「反襯」。

活用練習㈠：有風度的運動家，寧可（　　　　）的失敗，不可（　　　　）的成功。

參考答案：有風度的運動家，寧可（誠實）的失敗，不可（投機）的成功。

活用練習㈡：油腔滑調的人，時常笑裡（　　　　），口蜜（　　　　）。

參考答案：油腔滑調的人，時常笑裡（藏刀），口蜜（腹劍）。

又如蔣夢麟〈故都的回憶〉：

至於不幸的光緒皇帝是否在這美麗的監獄裡，樂而忘憂，那恐怕只有光緒皇帝自己和跟隨他的人才知道了。

「美麗」，是正面意義；「監獄」，是反面意義。因此，「美麗的監獄」，屬於「反襯」。

活用練習㈠：小孩聽到門鈴的聲音，以爲是爸爸回來了，開門一看，原來是媽媽回來了，眞是（　　　　）。

參考答案：小孩聽到門鈴的聲音，以爲是爸爸回來了，開門一看，原來是媽媽回來了，眞是（美麗的錯誤）。

活用練習㈡：看他年紀輕輕的，頭髮多半斑白了，整天愁眉不展，簡直是（　　）的少年！

參考答案：看他年紀輕輕的，頭髮多半斑白了，整天愁眉不展，簡直是（蒼老）的少年！

㈡對襯

所謂對襯，是指在語文中，對兩種不同的人、事、物，從兩種不同的觀點，加以描述，形成强烈對比的一種修辭技巧。例如梁啓超〈最苦與最樂〉：

盡得大的責任，就得大快樂；盡得小的責任，就得小快樂。

「大」與「小」，是正反强烈的對比，因此全句屬於「對襯」。盡責任，就得快樂；但責任有大小，快樂也有大小。

活用練習㈠：品學均佳的正人君子見利（　　　），沒有才德的小人卻見利（　　　）。

參考答案：品學均佳的正人君子見利（思義），沒有才德的小人卻見利（忘義）。

活用練習㈡：春天來臨，百花（　　　）；秋天一到，草木卻逐漸（　　　）。

參考答案：春天來臨，百花（盛開）（或齊放）；秋天一到，草木卻逐漸（枯黃）（或凋謝）。

又如諸葛亮〈出師表〉：

親賢臣，遠小人，此先漢所以興隆也；親小人，遠賢臣，此後漢所以傾頹也。

「親」與「遠」、「賢臣」與「小人」、「興隆」與「傾頹」，都是正反強烈的對比，所以這例句屬於「對襯」。

活用練習(一)：沈默寡言的人多半是（　　），能言善道的人多半是（　　）。

參考答案：沈默寡言的人多半是（內向），能言善道的人多半是（外向）。

活用練習(二)：形勢是（　　）的，成之於人；力量是（　　）的，操之在我。

參考答案：形勢是（客觀）的，成之於人；力量是（主觀）的，操之在我。

(三)雙襯

所謂雙襯，是指在語文中，對於同一個人或同一件事物，從兩種不同的觀點，加以描述的一種修辭技巧。例如張曉風〈行道樹〉：

立在城市的飛塵裡，我們是一列憂愁而又快樂的樹。

「我們」，是指「行道樹」。行道樹憂愁的是，空氣被污染得越來越嚴重；快樂的是，行道樹能製造新鮮清潔的空氣，使人們享受到清新。「憂愁」與「快樂」，是強烈對比，因此這例句屬於「雙襯」。

活用練習㈠：人生有苦有樂，大部分是（　　　）。

參考答案：人生有苦有樂，大部分是（苦盡甘來）。

活用練習㈡：赤貧如洗的書生，雖然物質生活非常（　　　），但精神生活卻十分（　　　）。

參考答案：赤貧如洗的書生，雖然物質生活非常（匱乏），但精神生活卻十分（豐贍）。

又如蘇東坡〈教戰守策〉：

夫當今生民之患，果安在哉？在於知安而不知危，能逸而不能勞。

此言當今生民之患，在於居安不思危。「知」與「不知」、「安」與「危」、「能」與「不能」、「逸」與「勞」，都是正反強烈對比，因此這例句屬於「雙襯」。

活用練習(一)：現在是（　　　）的時代，也是（　　　）的時代，一切靠自己。

參考答案：現在是（光明）的時代，也是（黑暗）的時代，一切靠自己。

活用練習(二)：水是日常生活的必需品，但水又可以使人溺斃，水眞是可以（　　　），也可以（　　　）。

參考答案：水是日常生活的必需品，但水又可以使人溺斃，水眞是可以（載舟），也可以（覆舟）。

映襯的修辭技巧，不僅可以運用在文言文，也可以運用在白話文，使事物的特徵更加突出，使思想更加清晰，使感情更加深入，使形象更加生動，使事理更加鮮明，增強說服力，以加深印象。

第四節　夸飾的解說與活用

夸飾，又叫誇飾。所謂夸飾，是指在語文中，誇張鋪飾超過客觀事實的一種修辭方法。夸飾的名稱，現代修辭學書，如楊樹達《漢文文言修辭學》叫做「形容」，陳望道《修辭學發凡》稱爲「鋪張」或「夸張」，㉒陳介白《修辭學講話》叫做「誇張」，黃師慶萱《修辭學》稱爲「夸飾」，《文法與修辭教師手册》叫做「誇飾」。現在臺灣學者多半採用「夸飾」（又叫「誇飾」），大陸學者多半採用「誇張」（也叫「夸張」）。鄭子瑜《中國修辭學史》說：「後人論修辭，當談到誇張辭的時候，每說《文心雕龍》之所謂『夸飾』，就是我們現在所說的『誇張』，這是沒有注意到〈通變〉篇已經用了『誇張』一辭的緣故。」其實，「夸飾」、「誇張」，《文心雕龍》都有採用，只是〈夸飾〉係篇名，比較醒目。

夸飾的原則，各家說法雖然不同，但異中有同。劉勰《文心雕龍・夸飾》論夸飾的原則，是「夸而有節，飾而不誣」。所謂「夸而有節」，是指夸飾運用得十分恰當；所謂「飾而不誣」，是指夸飾不要使人誤會，流於欺騙。陳望道《修辭學發凡》提出夸飾的兩點原則：㈠主觀方面須出於情意之自然的流露。㈡客觀方面須不致誤爲事實。陳介白《修辭學講話》認爲夸飾的原則有三：㈠須使感情豐富顯著。㈡須使人不起疑惑之感。㈢須有適當的音調以保持情感。陳望道論夸飾的第二點原則與陳介白論夸飾的第二項原則，就是劉勰所說的「飾而不誣」。㉓誠如鄭子瑜《中國修辭學史》所說：「既然用了誇張辭，便應該誇張到底，不必再顧到合於邏輯與否；如果誇張得不夠，讀者不知其在用誇張的修辭法，反會發生誤解哩。」總而言之，夸飾的主觀因素，是作者要出語驚人；夸飾的客觀因素，是讀者的好奇心理。

夸飾的種類，就題材對象而言，可分為空間的夸飾、時間的夸飾、物象的夸飾、人情的夸飾、數量的夸飾等五種。就表達方式而言，可分為放大、縮小兩種。

㈠空間的夸飾

凡是在語文中，描述空間方面的高度、長度、面積與體積，都可以運用夸飾的修辭技巧，叫做空間的夸飾。例如列子〈愚公移山〉：

太形、王屋二山，方七百里，高萬仞，本在冀州之南、河陽之北。

列子敍述太形、王屋兩座山峯，面積長寬各七百里，形勢又十分高峻。以「方七百里」說明山的面積，又以「高萬仞」形容山的高度，都是運用空間的夸飾和放大的夸飾。

活用練習㈠：喜馬拉亞山的山勢，（　　　　）。

參考答案：喜馬拉亞山的山勢，（高可摩天）。

活用練習㈡：阿里山的高峻形勢，簡直是（　　　）。

參考答案：阿里山的高峻形勢，簡直是（拔地擎天）。

又如蘇洵〈六國論〉：

思厥先祖父，暴霜露，斬荊棘，以有尺寸之地。

蘇洵闡述楚、燕、趙、韓、魏五國的祖先，冒著霜露的侵襲，斬除荊棘，歷盡艱難，才擁有一點點的土地，後代子孫不能珍惜這些土地，卻很輕易地將土地送給秦國，造成國破家亡。其中「尺寸之地」，是形容一點點的土地，這是運用空間的夸飾和縮小的夸飾。

活用練習㈠：臺北的人多半住的是（　　　）似的房子。

參考答案：臺北的人多半住的是（鴿子籠）似的房子。

活用練習㈡：坐在飛機上，往下鳥瞰，建築物的渺小，小得像（　　　）。

參考答案：坐在飛機上，往下鳥瞰，建築物的渺小，小得像（火柴盒）。

㈡時間的夸飾

凡是在語文中，敍述時間的長短，都可以運用夸飾的修辭技巧，叫做時間的夸飾。例如夏丏尊〈觸發——一封家書〉：

你大概在書冊消磨著長日如年的光陰吧？你愛好讀書，努力學文，當然不能算壞，可是讀書與作文實在是兩件事，應當分別看待。

其中「長日如年」，是形容日子的漫長；這是運用時間的夸飾和放大的夸飾。

活用練習㈠：戀愛中的青年男女，朝朝暮暮相處，偶爾一日不見，如（　　）。

參考答案：戀愛中的青年男女，朝朝暮暮相處，偶爾一日不見，如（隔三秋）。

活用練習㈡：我們的身體渺小如滄海一粟，我們的生命短促如（　　）。

參考答案：我們的身體渺小如滄海一粟，我們的生命短促如（曇花一現）。

又如蘇軾〈念奴嬌・赤壁懷古〉：

人生如夢，一尊還酹江月。

其中「人生如夢」是形容人生的短暫。形容人生短促的詞句，還有「人生如朝露」、「人生如白駒過隙」、「人生如春夢」、「人生如南柯一夢」、「人生如黃粱一夢」、「浮生若夢」；這些都是時間的夸飾和縮小的夸飾。

活用練習㈠：病入膏肓的人，生命危殆，已經（　　　）。

參考答案：病入膏肓的人，生命危殆，已經（朝不慮夕）。

活用練習㈡：讀書人有終身之憂的，是修身養性；無（　　　）之患的，是天災人禍。

參考答案：讀書人有終身之憂的，是修身養性；無（一朝）之患的，是天災人禍。

㈢物象的夸飾

凡是在語文中，描繪物的形狀外貌，可以運用夸飾的修辭技巧，叫做物象的夸飾。例如張騰蛟〈溪頭的竹子〉：

每一棵竹子都在不顧一切地往上鑽挺，看起來好像要去捕星星、摘月亮，也好像是大家一起去搶奪那片藍藍的天空。

作者形容竹子往上鑽挺，正如同捕星星、摘月亮、搶奪藍藍的天空，這是明喻，又是運用物象的夸飾。

活用練習(一)：荷葉十分嫩綠，好像（　　　　）。

參考答案：荷葉十分嫩綠，好像（可以掐得出水來）。

活用練習(二)：狂風暴雨一來，驚濤駭浪好像（　　　　）。

參考答案：狂風暴雨一來，驚濤駭浪好像（萬馬奔騰）。

又如孫文〈黃花岡烈士事略序〉：

是役也，碧血橫飛，浩氣四塞，草木為之含悲，風雲因而變色。

作者描述辛亥戰役，革命同志爲國家拋頭顱、灑熱血的犧牲精神，連草木、風雲都感動了。「草木爲之含悲，風雲因而變色」，不但是對偶，又是物象的夸飾。

活用練習㈠：義大利的麵包硬得像（　　　），咬一口，整排牙都斷了。

參考答案：義大利的麵包硬得像（鐵板），咬一口，整排牙都斷了。

活用練習㈡：外强中乾的人，像（　　　），一戳就破。

參考答案：外强中乾的人，像（紙老虎），一戳就破。

㈣人情的夸飾

凡是在語文中，抒發人類的情感，可以運用夸飾的修辭技巧，叫做人情的夸飾。例如：

又如林覺民〈與妻訣別書〉：

即可不死，而離散不相見，徒使兩地眼成穿而骨化石；試問古來幾曾見破鏡重圓？則較死為尤苦也。

「眼成穿」，是說把眼睛望穿了，形容盼望得十分殷切。「骨化石」，是說骨骸都化成了石頭，形容苦苦地等待、盼望，一直到死。作者以「眼成穿而骨化石」，來鋪張急盼、苦待之情，這是運用人情的夸飾。

活用練習㈠：今天聯考放榜，金榜題名的人，看了榜單，喜極而泣，不禁（　　　　）。

參考答案：今天聯考放榜，金榜題名的人，看了榜單，喜極而泣，不禁（淚滿衣裳）。

活用練習㈡：失戀的人看到泉水淙淙地流，不知不覺，自己也（　　　　）。

參考答案：失戀的人看到泉水淙淙地流，不知不覺，自己也（淚如泉湧）。

又如汪中〈先母鄒孺人靈表〉：

論其摧剝，金石可銷，況於血氣？

作者闡述母親所受的種種挫折傷害，即使堅硬如金石也會被鎔毀，何況是血肉的軀體呢？

「論其摧剝，金石可銷」，是運用人情的夸飾。

活用練習㈠：有些人的感情如同草木一樣的柔脆，經常（　　　）。

參考答案：有些人的感情如同草木一樣的柔脆，經常（柔腸寸斷）。

活用練習㈡：中了統一發票特獎的人，領獎金時，（　　　）。

參考答案：中了統一發票特獎的人，領獎金時，（欣喜若狂）。

㈤數量的夸飾

凡是在語文中，敍述數量的多寡，可以運用夸飾的修辭技巧，叫做數量的夸飾。例如：

又如朱自清〈匆匆〉：

在逃去如飛的日子裡，在千門萬戶的世界裡的我，能做些什麼呢？

「千門萬戶」，是形容住宅的稠密。「千」、「萬」，是數量的夸飾，也是放大的夸飾。白居易〈琵琶行〉：「千呼萬喚始出來，猶抱琵琶半遮面。」這也是數量的夸飾。

活用練習㈠：創立豐功偉業的人，他的名聲可以流傳（　　　）。

參考答案：創立豐功偉業的人，他的名聲可以流傳（千秋萬世）。

活用練習㈡：叫座又叫好的教授，每次上課總是有（　　　　）的學生來旁聽，把教室門窗都擠破了。

參考答案：叫座又叫好的教授，每次上課總是有（成千上萬）的學生來旁聽，把教室門窗都擠破了。

又如歐陽修〈瀧岡阡表〉：

其亡也，無一瓦之覆，一壠之植，以庇而為生。

作者描述其父親死後未曾留下一幢房子，一塊田地，使作者母子生活感到困難。「無一瓦之覆」，是說沒有住宅。「一壠之植」，指田產。「無一瓦之覆，一壠之植」，是形容十分貧窮。「一瓦」、「一壠」，是數量的夸飾，也是縮小的夸飾。

活用練習㈠：不叫座又不叫好的教授，每次上課的學生，總是（　　　　）。

參考答案：不叫座又不叫好的教授，每次上課的學生，總是（寥若晨星）。

活用練習㈡：巨富家庭的親友，經常門庭若市；赤貧家庭的客人，卻是（　　　）。

參考答案：巨富家庭的親友，經常門庭若市；赤貧家庭的客人，卻是（門可羅雀）。

不論是空間、時間、物象、人情、數量的夸飾，都含有放大和縮小的夸飾。所謂放大的夸飾，是指在語文中，誇張比原來大很多倍的一種修辭技巧。例如：〈木蘭詩〉：「將軍百戰死。」不僅是數量的夸飾，也是放大的夸飾。所謂縮小的夸飾，是指在語文中，濃縮比原來小很多倍的一種修辭技巧。例如：劉鶚〈明湖居聽書〉：「就這一眼，滿園子裡便鴉雀無聲，比皇帝出來還要靜悄得多呢！連一根針跌在地上都聽得見響。」這是物象的夸飾，也是縮小的夸飾。

第五節　借代的解說與活用

借代，又叫代稱、代替、替代、換名。㉕所謂借代，是指在語文中，借用其他名稱或語句，來代替一般經常使用的名稱或語句的一種修辭技巧。

借代的作用有四：㈠是突出特徵，強調重點，使語言形象生動。㈡是詞語錯綜變化，不重複呆板，使語言新鮮活潑。㈢是可以使語言含蓄有味，文筆簡潔精鍊。㈣是可以充分表達

作者的思想感情，愛憎分明，以感染讀者。㉖

借代的原則，黃師慶萱認為有七項：㈠是必須有貼切感，㈡是必須具體化，㈢是必須具有新鮮感，㈣是必須有豐富的稠密度，㈤是必須有含蓄之美，㈥是必須含有强調的作用，㈦是必須避免忌諱。㉗沈謙認為借代的原則有三：㈠是語言鮮活，形象躍然。㈡是重點突出，印象深刻。㈢是委婉曲折，含蘊深厚。㉘借代與借喻不同，區別在於：㈠借代要求借體和本體有密切關係，表面上是兩件事物，其實是同一件事物，兩者相代的基礎是相關性。借喻是喻依和喻體沒有相關性，只要求兩者之間有相似點。㈡借代的作用，在於指稱，是直接用借體來稱代本體，以此代彼，借中有代，重在指代。㉙借喻的作用，在於譬喻，是用喻依來描繪或說明喻體，以此喻彼，借中有喻。因此，借喻可以改作明喻或隱喻，借代卻不能如此改換。

借代的分類，黃師慶萱分為八種：㈠借事物的特徵或標幟代事物，㈡借事物的所在、所屬代事物，㈢借事物的作者或產地代事物，㈣借事物的資料或工具代事物，㈤部分和全體互相借代，㈥特定和普通互相借代，㈦具體和抽象互相借代，㈧原因和結果互相借代。㉚蔡謀芳將借代分為類屬法、屬性法、簡化法三大類。類屬法又分為升級、降級、同級等三小類。屬性法又分為泛稱、專稱等二小類。簡化法又分為專名、文法、譬喻等三小類。㉛池太寧把借代分為旁借和對代兩大類，又細分為十四小類：㈠以特徵代人事，㈡以處事代人事，㈢以作者代事物，㈣以材料、工具代事物，㈤以所屬代人事，㈥以官名、著作代人名，㈦以物品代人事，㈧以故事代實物，㈨部分、整體互代，㈩特定、普通互代，⑪具體、抽象互代，⑫以古代今，⑬以同音或近音詞代替，⑭割裂式借代。㉜成偉鈞、唐仲揚、向宏業將借代分爲旁代、對代、相關代三大類，又分爲二十四小類：㈠借事物表徵代事物本體，㈡借事物標幟代所標幟的事物，㈢借事物處所名稱代事物本稱，㈣借事物發生的場地代所發生的事物，㈤借有關事物的工具代有關事物，㈥借製作事物的材料代事物本身，㈦借事物的數量代事物，㈧借事物的定數代事物的不定數，㈨借事物名稱的近音、同音代近音、同音名稱的事物，㈩借人物的外貌特徵代人物，⑪借人物的特異衣飾代人物，⑫借人物的諢名代人物，⑬借作家代作品，⑭借部分代整體，⑮借整體代部分，⑯借專指代泛指，⑰借泛指代專指，⑱借具體代抽象，⑲借抽象代具體，⑳借結果代原因，㉑借原因代結果，㉒意義相關代，㉓形體相關代，㉔特指相關代。㉝借代的分類，衆說紛紜，但一般以黃師慶萱的分類爲主，限於篇幅，各舉一例，加以詮證。

㈠借人、事、物的特徵或標幟代人、事、物

借人、事、物的特徵代人、事、物者，例如陶淵明〈桃花源記〉：

其中往來種作，男女衣著，悉如外人；黃髮垂髫，並怡然自樂。

「黃髮」，是「老人」的特徵。借「黃髮」，代「老人」。「垂髫」，是兒童的特徵。借「垂髫」，代「兒童」。因此，這例句是借人的特徵代人。

活用練習：十個禿子九個富，因此（　　　　）不必戴假髮，也不必擦可以長頭髮的藥物。

參考答案：十個禿子九個富，因此（禿頭）不必戴假髮，也不必擦可以長頭髮的藥物。

（借「禿頭」，代「沒有長頭髮的人」，是借特徵代人。）

借人、事、物的標幟代人、事、物者，例如諸葛亮〈出師表〉：

臣本布衣，躬耕於南陽，苟全性命於亂世，不求聞達於諸侯。

古代平民穿布衣，「布衣」是平民的標幟，借「布衣」代「平民」，所以，這例子屬於標幟的借代。

活用練習：（　　　）不論風吹、雨淋、日曬，每天都按時送信到每戶人家，真是令人又敬佩，又感動。

參考答案：（綠衣）不論風吹、雨淋、日曬，每天都按時送信到每戶人家，真是令人又敬佩，又感動。

（借「綠衣」，代「郵差」，是借標幟代人。）

㈡借人、事、物的所在或所屬代人、事、物

借人、事、物的所在代人、事、物者，例如司馬光〈訓儉示康〉：

石崇以奢靡誇人，卒以此死東市。

「東市」，是古代刑場在長安的東邊，因此借「東市」，代「刑場」，這是所在的借代。「東市」，在這例句是指晉都洛陽的刑場。

活用練習：多愁善感的人很容易（　　　），這是心理影響生理的結果。

參考答案：多愁善感的人很容易（白頭），這是心理影響生理的結果。

（「白頭」，是「白髮」所在的地方，所以借「白頭」，代「白髮」。）

借人、事、物的所屬代人、事、物者，例如杜甫〈登高〉：

無邊落木蕭蕭下，不盡長江滾滾來。

「落木」，是「落葉」。借「木」，代「木」所屬的「葉」。所以，這例句是所屬的借代。又如蘇東坡〈念奴嬌・赤壁懷古〉：「大江東去，浪淘盡，千古風流人物。」借「大江」，代「大江的流水」。

㈢借事物的作者或產地代事物

借事物的作者代事物者，如連橫〈臺灣通史序〉：

私家收拾，半付祝融。

「祝融」，是「火神」，這裡借「祝融」，代「火」，是事物作者的借代。

活用練習：如何消憂解愁？只有（　　）。

參考答案：如何消憂解愁？只有（杜康）。

（「杜康」，是古代造酒的人。借「杜康」，代「酒」。）

借事物的產地代事物者，例如：借「痲豆」代「文旦」。「痲豆」，是「文旦」產地。

㈣借事物的資料或工具代事物

借事物的資料代事物者，例如劉禹錫〈陋室銘〉：

無絲竹之亂耳，無案牘之勞形。

「絲竹」，是製造樂器的資料。借「絲竹」，代「樂器」，這是資料的借代。這裡是再借「樂器」，代「音樂」，屬於借具體，代抽象。

活用練習：虎死留皮，人死留名，但願留取丹心照（　　）。

參考答案：虎死留皮，人死留名，但願留取丹心照（汗青）。

（「汗青」，是史書的資料。）

借事物的工具代事物者，例如：化干戈爲玉帛。「干戈」，是「戰爭」的工具。借「干戈」，代「戰爭」，屬於工具的借代。全句的意思是說：化戰爭為和平。

(五)部分和全體互相借代

借部分，代全體者，如范仲淹〈岳陽樓記〉：

沙鷗翔集，錦鱗游泳。

借「鱗」，代「魚」，這是借部分代全體。

活用練習：一日不見，如隔（　　）。

參考答案：一日不見，如隔（三秋）。

（借「秋」，代「年」，屬於借部分，代全體。）

借全體代部分者，例如岳飛〈滿江紅〉：「白了少年頭。」借「頭」，代「頭髮」，是借全體，代部分。

㈥特定和普通互相借代

借特定，代普通者，例如劉義慶〈新亭對泣〉：

唯王丞相愀然變色曰：「當共戮力王室，克復神州，何至作楚囚相對！」

借「楚囚」，代「囚犯」，這是借特定，代普通。

活用練習：湖南是中國的（　　）。

參考答案：湖南是中國的（斯巴達）。

（「斯巴達」，是古代希臘尚武的地方，這裡借「斯巴達」，代「尚武的地區」。）

借普通，代特定者，例如《論語・述而》：「二三子以我爲隱乎？」「二三子」，是各位年輕人。這裡借「二三子」，代「學生」，是借普通，代特定。

(七)具體和抽象互相借代

借具體，代抽象者，例如梁啓超〈學問之趣味〉：

一個人受過相當的教育之後，無論如何，總有一兩門學問和自己脾胃相合，而已經懂得大概，可以作加工研究之預備的。

借「脾胃」，代「嗜好」，這是借具體，代抽象。

活用練習：（　　　）、各有天性，不必強求。

參考答案：（鐘鼎、山林），各有天性，不必強求。

（「鐘鼎」，是廟堂禮器，借代仕宦。「山林」，是隱居的地方，借代隱居。）

借抽象，代具體者，例如蘇軾〈水調歌頭〉：「但願人長久，千里共嬋娟。」「嬋娟」，是色態美好的樣子。這裡借「嬋娟」，代「明月」，屬於借抽象，代具體。

(八)原因和結果互相借代

借結果，代原因者，例子很多，例如袁枚〈祭妹文〉：

逾三年，余披宮錦還家，汝從東廂扶案出，一家瞠視而笑。

「披宮錦」，是唐代考上進士，披宮錦袍。這裡借「披宮錦」，代「考取進士」，是借結果，代原因。

活用練習：外向的人經常和別人談話，很少（　　　　）。

參考答案：外向的人經常和別人談話，很少（臉紅）。

（「臉紅」，是害羞的結果，借「臉紅」，代「害羞」。）

借原因，代結果者，例子比較少。

借代應用非常廣泛，也是一般人喜聞樂見。適當地運用借代，可以突顯特徵，使形象鮮明，也可以打破語言表達的單調，使語言簡煉含蓄，富有詼諧幽默的情趣。因此，作文或說話可以多運用借代，使語文更新鮮、更活潑。

第六節　引用的解說與活用

引用，又叫重言，也叫事類、援引、用典、用事、用詞、㉞引語、引話、援、㉟引證、引經。㊱所謂引用，是指在語文中，有意援引別人的言論、材料、文獻、史料典籍、格言、諺語、成語、警句、故事、寓言、歌謠、俚語等，以闡明或佐證自己的論點，表達自己的感情的一種修辭技巧。引用的作用有四：㈠是引用經過實踐檢驗的科學論斷，說明事理，闡明觀點，可以增強文章的可信性和說服力。㈡是引用歷史故事、成語、寓言等，可使文章豐富充實而凝煉，言簡而意賅。㈢是引用格言、警句，可以增强文章的哲理性，引起讀者更多的深思。㈣是引用諺語、歌謠、俚語，可以使說理、敍事，深入淺出，使說話、寫文章富有生活情趣。㊲引用的原則有十：㈠是引用不正確的意見，必須加案語。㈡是引用不可失其原意。㈢是不可使用僻典。㈣是引用必須根據原文，不可輾轉抄襲。㈤是避免艱深賣弄的引證。㈥是引用文字不可破壞全文語調的統一性。㈦是必須訴之於合理的權威。㈧是提供一種簡潔而形象化的文字。㈨是儘可能使引用成為一種委婉含蓄的語言。㈩是儘可能在新舊融會中產生喜悅和滿足。㊳

引用的分類，就來源而論，分為直接引用、間接引用兩種。就形式而論，分為明引、暗用、活用、借用四大類。明引又分爲全引、略引兩小類。暗用又分爲全用、略用兩小類。就作用而論，分爲點明主旨或論題、作爲論據或佐證、作爲綜合或結論、用作批駁的對象四種。就內容而論，分爲正引、反引、意引、引經、稽古、出新六種。就方法而論，分爲取意不取句、取意亦取句、增損原文、取其意而變其文四種。㊴因限於篇幅，僅就來源、形式的分類，加以舉例詮證。

㈠依來源分類

引用的分類，按照來源，可以分爲直接引用、間接引用兩類。㊵茲分別闡析。

1、直接引用：

凡是直接摘自別人原著或文章的引用，叫做直接引用。例如梁啓超〈最苦與最樂〉：

> 然則為什麼孟子又說：「君子有終身之憂」呢？因為越是聖賢豪傑，他負的責任越是重大；而且他常要把這種種責任來攬在身上，肩頭的擔子從沒有放下的時節。

作者直接引用孟子的話，來闡述聖賢豪傑的責任非常重大，他天天盡責任，就天天得苦中眞樂，因此是樂不是苦。

活用練習㈠：（　　　）待人處事治學都必須謙沖自牧，不可目空一切。

參考答案：（《書經》說：「滿招損，謙受益。」）待人處事治學都必須謙沖自牧，不可目空一切。

活用練習㈡：（　　　）因此，我們研究學問，應該學思並重，不可偏廢。

參考答案：（《荀子》說：「吾嘗終日而思矣，不如須臾之所學也。」）因此，我們研究學問，應該學與思並重，不可偏廢。

又如陳之藩〈哲學家皇帝〉：

愛因斯坦說：「專家還不是訓練有素的狗？」這話並不是偶然而發的，多少專家都是人事不知的狗，這種現象是會窒死一個文化的。

作者直接引用愛因斯坦的話，說明專家如果只是專精某一項，其他人事卻一竅不通，這樣會影響社會的進步，也會阻礙文化的發展。

活用練習㈠：（　　　）學習之後，還要時常溫習，否則所學的東西，時間一久，會忘得一乾二淨。

參考答案：（孔子說：「學而時習之，不亦說乎？」）學習之後，還要時常溫習，否則所學的東西，時間一久，會忘得一乾二淨。

活用練習(二)：（　　　　）古今中外偉人都是從千辛萬苦中奮鬥出來的，但沈迷酒色的國君卻不理朝政，而國破身亡。

參考答案：（歐陽修說：「憂勞可以興國，逸豫可以亡身。」）古今中外偉人都是從千辛萬苦中奮鬥出來的，但沈迷酒色的國君卻不理朝政，而國破身亡。

2、間接引用：

凡是用自己的語言文字轉述別人的話或原文的大意的引用，叫做間接引用。例如王安石〈讀孟嘗君傳〉：

世皆稱孟嘗君能得士，士以故歸之，而卒賴其力以脫虎豹之秦。嗟乎！孟嘗君特雞鳴狗盜之雄耳，豈足以言得士？

「孟嘗君能得士」，見於《史記・孟嘗君列傳》：「孟嘗君在薛，招致諸侯賓客，及亡人有罪者，皆歸孟嘗君。孟嘗君舍之，厚遇之，以故傾天下之士，食客數千人。」「虎豹之秦」，源於《史記・蘇秦列傳》：「夫秦，虎狼之國也。」作者以事實爲根據，但由於〈孟嘗君列傳〉的內容豐茂、篇幅很長，因此採取間接引用，比較精簡含蓄。㊶

活用練習：我們治學必須本著（　　　）的原則，循序漸進，這樣才能做到知行合一。

參考答案：我們治學必須本著（博學、審問、慎思、明辨、篤行）的原則，循序漸進，這樣才能做到知行合一。

（「博學、審問、慎思、明辨、篤行」，出自《中庸》第二十章：「博學之，審問之，慎思之，明辨之，篤行之。」）

㈡依形式分類

引用的分類，按照形式，可以分爲明引、暗用、活用、借用四大類。

1、明引：

凡是明白告訴讀者所引的話出自何處，叫做明引。明引又分爲全引、略引兩小類。

凡是明引一句或數句，文字不加刪改的，叫做全引。例如徐志摩〈我所知道的康橋〉：

陸放翁有一聯詩句：「傳呼快馬迎新月，卻上輕輿趁晚涼。」這是做地方官的風流。我在康橋時雖沒馬騎，沒轎子坐，卻也有我的風流；我常常在夕陽西曬時，騎了車迎著天邊扁大的日頭直追。

作者引用陸放翁的詩句，闡明以前地方官的風流是騎馬賞月、坐轎享受清涼，作者的風流卻是騎車追日。

活用練習：（　　　　）這是告訴我們：人生不如意的事，十常八九。

參考答案：（蘇東坡〈超然臺記〉有一句名言：「可樂者常少，而可悲者常多。」）這是告訴我們：人生不如意的事，十常八九。

凡是明引一句或數句，文字加以刪改的，叫做略引。例如蔣中正〈弘揚孔孟學說與復興中華文化〉：

孟子讚美孔子為「聖之時者也」。所以孔孟的思想，可以說不僅能適應時代，且亦能領導時代。

「孟子讚美孔子爲『聖之時者也』」，是略引《孟子・萬章》：「孟子曰：『伯夷，聖之淸者也；伊尹，聖之任者也；柳下惠，聖之和者也；孔子，聖之時者也。孔子之謂集大成。』」作者將「孟子曰：『……孔子，聖之時者也。……』」刪改爲「孟子讚美孔子爲『聖之時者也。……』」刪改爲「孟子讚美孔子爲『聖之時者也』」，雖是明引，但已刪改，因此這例句是略引。

活用練習：（　　　　），且惜寸陰；（　　　　），且惜分陰；更何況一般人能不愛惜光陰嗎？

參考答案：（大禹雖是聖人），且惜寸陰；（陶侃雖是賢人），且惜分陰；更何況一般人能不愛惜光陰嗎？

（「大禹雖是聖人」，出自李文炤〈勤訓〉：「大禹之聖」；「陶侃雖是賢人，也是源於李文炤〈勤訓〉：「陶侃之賢」。）

2、暗用：

凡是引用時，不指明出處，叫做暗用。暗用又分爲全用、略用兩小類。

凡是暗用一句或數句，文字不加刪改的，叫做全用。例如劉眞〈論讀書〉：

一般人常說，書到用時方恨少。尤其在今天所謂「知識爆發」時代，更使人有「生也有涯，而知也無涯」的感覺。所以，培養一種普遍的讀書風氣，實在是學校和社會應該共同努力的目標。

其中「生也有涯，而知也無涯」，語本《莊子·養生主》：「吾生也有涯，而知也無涯。以有涯追無涯，殆已；已而為知者，殆而已矣。」「生也有涯，而知也無涯」，是脫胎於此。作者引此句，闡述學無止境，必須不斷讀書，正是俗語所云：「活到老，學到老，學不完。」

活用練習：我們研究學問必須本著（　　　　）的態度，發揮學思並重的效用。

參考答案：我們研究學問必須本著（「學而不思則罔，思而不學則殆」的態度，發揮學思並重的效用。

（「學而思則罔，思而不學則殆」，是源於《論語·為政》：「子曰：『學而不思則罔，思而不學則殆。』」）

凡是暗用一句或數句，文字加以刪改的，叫做略用。例如張蔭麟〈孔子的人格〉：

他所喜歡的性格是「剛毅木訥」，他所痛惡的是「巧言令色」。

其中「剛毅木訥」，來自《論語・子路》：「子曰：『剛毅木訥，近仁。』」「巧言令色」，源於《論語・學而》：「子曰：『巧言令色，鮮矣仁。』」作者引用時，加以刪節，因此這例句是略用。

活用練習：凡事按部就班，不要躐等，否則（　　　　）。

參考答案：凡事按部就班，不要躐等，否則（「欲速則不達」。）

（「欲速則不達」，出自《論語・子路》：「子夏爲莒父宰，問政。子曰：「無欲速，無見小利；欲速則不達，見小利則大事不成。」」）

3、活用：

凡是不直接引用原文，而是間接引述原意，變動文字，加以靈活運用，叫做活用。例如范仲淹〈岳陽樓記〉：

居廟堂之高，則憂其民；處江湖之遠，則憂其君。是進亦憂，退亦憂；然則何時而樂耶？其必曰：先天下之憂而憂，後天下之樂而樂」乎！

其中「先天下之憂而憂，後天下之樂而樂」，源於《孟子・梁惠王下》：「樂以天下，憂以天下。」范氏靈活運用《孟子》的典故，使意義更深入，此二句成為千古名言。

活用練習：屈原處在處世，不改變節操，眞是（　　　　）。

參考答案：屈原處在亂世，不改變節操，眞是（松柏後凋於歲寒，雞鳴不已於風雨）。（「松柏後凋於歲寒」，源於《論語・子罕》：「子曰：『歲寒，然後知松柏之後凋也。』」「雞鳴不已於風雨」，出自《詩經・鄭風・風雨》：「風雨如晦，雞鳴不已。」）

4、借用：

凡是作者借用典故，表達另一種與典故的原意無關的意義，叫做借用。例如阮籍〈詠懷〉其三：

嘉樹下成蹊，東園桃與李。

作者借用《史記・李廣列傳》：「桃李不言，下自成蹊。」意謂桃李不會說話，但由於有桃李果實的引誘，樹下自然而然地形成小路；心懷誠信的人，好像桃李一般，雖不說話，也能吸引別人到自己身邊來。阮籍借用《史記》的典故，來比喻世事的繁華興盛，這和典故的原意，就截然不同了。

活用練習：作文必須內容與形式並重，不可偏廢，這樣可以說是（　　）。

參考答案：作文必須內容與形式並重，不可偏廢，這樣可以說是（「雕琢其章，彬彬君子」。）。

（「彬彬君子」源於《論語・雍也》：「文質彬彬，然後君子。」意謂既有外在的文采，又有內在的樸質，才能算是正人君子；此乃就人的品德、表現而言。劉勰借用《論語》的典故，來闡述文章的內容和形式必須統一的道理。「彬彬君子」，由指人變指文，這是借用，不容置疑。）

引用的種類，雖然甚多，本文僅列舉來源、形式，加以闡論，但中學生若能靈活運用這些例證，並舉一反三，觸類旁通，深信運用在作文上，必然得心應手、左右逢源。

第七節　設問的解說與活用

所謂設問，是指在語文中，故意採用詢問語氣，以引起對方注意的一種修辭方法。設問的作用有八：㈠是懸宕引人，㈡是提醒注意，㈢是醞釀餘韻，㈣是強調本意，㈤是提引下文，㈥是增強語勢，㊸㈦是增加情趣，㈧是避免呆滯。

設問的分類，或依內容分，或依問數分，或依性質分，或依形式分，或依類型分，或依對象分，或依位置分。㊹本文僅依內容、問數加以分類，並舉例闡析。

㈠依內容分類

設問依內容分類，可以分爲提問、激問、懸問三種。茲分別加以詮證。

1、提問：

凡是提醒下文而問，叫做提問，這是自問自答的一種設問。例如蔣中正〈我們的校訓〉：

> 所謂「做人的道理」是什麼呢？簡單地講，就是我們的校訓——禮、義、廉、恥——四個字。

「所謂『做人的道理』是什麼呢」，是「問」。「簡單地講，就是我們的校訓——禮、義、廉、恥——四個字」，是「答」。㊺這是自問自答的提問，原來肯定句當作「禮、義、廉、恥是做人的道理」。作者利用自問自答的方式，使文章更能引起讀者的注意力，並能提起下文的主旨。

活用練習：所謂「阿里山五奇」是什麼呢？簡單地講，就是（　　　　　），這也是阿里山的特色。

參考答案：所謂「阿里山五奇」是什麼呢？簡單地講，就是（登山鐵道、森林、雲海、日出、晚霞），這也是阿里山的特色。

又如朱自清〈匆匆〉：

在逃去如飛的日子裡，在千門萬戶的世界裡的我，能做些什麼呢？只有徘徊罷了，只有匆匆罷了。

「在逃去如飛的日子裡，在千門萬戶的世界裡的我，能做些什麼呢」，是「問」。「只有徘徊罷了，只有匆匆罷了」，是「答」。（這也是「自問自答」的「提問」。）「在逃去如飛的日子裡，在千門萬戶的世界裡」、「只有徘徊罷了，只有匆匆罷了」，都是「排比」。「逃去如飛」，是「譬喻」中的「明喻」。「千門萬戶」，是「對偶」中的「當句對」。反覆使用「只有……罷了」，因此「只有徘徊罷了，只有匆匆罷了」，又是「類疊」。這例句除運用「提問」外，又應用「譬喻」、「對偶」、「類疊」。

活用練習：在知識爆炸的時代裡，在升學掛帥的環境裡的考生，只有（　　　　），只有（　　　　）。

參考答案：在知識爆炸的時代裡，在升學掛帥的環境裡的考生，只有（天天小考罷了），只有（月月模擬考罷了）。

又如梁啓超〈最苦與最樂〉：

翻過來看，什麼事最快樂呢？自然責任完了，算是人生第一件樂事。

「翻過來看，什麼事最快樂呢」，是「問」，「自然責任完了，算是人生第一件樂事」，是「答」。這是「自問自答」的「提問」。肯定句當作「責任完了，是人生最快樂的事」。運用肯定句來表達文意，平淡無奇。作者靈活地應用「設問」，使文章易於引起讀者的注意力。

活用練習：什麼事最痛苦呢？（　　　　）。

參考答案：什麼事最痛苦呢？（答應人作一件事沒有辦，欠了人家的錢沒有還，受了人家的恩惠没有報答，得罪了人没有賠禮，算是人生最痛苦的事。）

又如彭端淑〈爲學一首示子姪〉：

天下事有難易乎？為之，則難者亦易矣；不為，則易者亦難矣。

「天下事有難易乎」，是「問」。「爲之，則難者亦易矣；不爲，則易者亦難矣」，是「答」。這是「自問自答」的「提問」，也是「設問」。「爲之，則難者亦易矣；不爲，則易者亦難矣」，又是正反强烈對比的「映襯」。「爲之」、「不爲」，是正反對比。「難」、「易」，也是正反對比。

活用練習：治學有困難、容易的分別嗎？（　　　　），（　　　　）；（　　　　），（　　　　）。

參考答案：治學有困難、容易的分別嗎？（肯學習），（即使很困難也會變成很容易）；（不肯學習），（即使很容易也會變成很困難）。

又如羅家倫〈論自我實現〉：

什麼是自我的實現？自我的實現就是自我的完成，就是充分地表現自己，以求達到盡善盡美的境界。

「什麼是自我的實現」，是「問」。「自我的實現就是自我的完成，就是充分地表現自己，以求達到盡善盡美的境界」，是「答」。這是「自問自答」的「提問」，也是「設問」。「什麼是自我的實現」一句可以省略，但省略之後，沒有文章的韻味，也不容易引起讀者的注意力。

活用練習：什麼是臺灣精神？臺灣精神就是（　　　），就是（　　　）。

參考答案：什麼是臺灣精神？臺灣精神就是（愛國保種的精神），就是（移民精神、革命精神、創業精神、海國精神）。

又如梁啓超〈學問之趣味〉：

問我忙什麼？忙的是我的趣味。

「問我忙什麼」是「問」。「忙的是我的趣味」，是「答」。這是「自問自答」的「提問」。

活用練習：問我寫什麼？寫的是我的（　　　　）。

參考答案：問我寫什麼？寫的是我的（文章）或（作業）或（試卷）。

又如白居易〈琵琶行並序〉：

座中泣下誰最多？江州司馬青衫溼。

「座中泣下誰最多」是「問」。「江州司馬青衫溼」，是「答」。這也是「自問自答」的「提問」。「江州司馬」，是指白居易，這是「借代」。

活用練習：班上同學誰最勤？（　　　　）。

參考答案：班上同學誰最勤？（品學兼優的班長）或（沈默寡言的學藝股長）或（任勞任怨的服務股長）。

2、激問：

凡是激發本意而問，叫做激問，這是問而不答的一種設問。例如藍蔭鼎〈飲水思源〉：

要是上頭沒有水不斷地來，下頭的水又有什麼用呢？

這是「問而不答」的「激問」。雖然「問而不答」，但答案卻在問題的反面。這例句若是肯定句，當作「要是上頭沒有水不斷地來，下頭的水是沒有用的」。使用肯定句比較呆板，運用「設問」則比較活潑，可以增加文章的韻味。

活用練習：要是上級不補助經費，下級的業務（　　　　）呢？

參考答案：要是上級不補助經費，下級的業務（又如何推動）呢？

又如劉鶚〈黃河結冰記〉：

若非經歷北方苦寒景象，那裡知道「北風勁且哀」的一個「哀」字下得好呢？

這例句是「問而不答」的「激問」。肯定句當作「若非經歷北方苦寒景象，不知道『北風勁且哀』的一個『哀』字下得好」。作者運用「激問」方式來表達，比較靈活，有韻味。

活用練習：若非一番寒徹骨，那裡知道（　　　　）呢？

參考答案：若非一番寒徹骨，那裡知道（「梅花撲鼻香」的一個「香」字下得好）

呢？

又如夏丏尊〈觸發——一封家書〉：

專從書上去學文字，即使學得好，也只是些陳言老套，有什麼用處呢？

這例句也是「問而不答」的「激問」。肯定句當作「專從書上去學文字，即使學得好，也只是些陳言老套，沒有什麼用處」。作者使用「激問」方式來表達，使文章更生動、更活潑。

活用練習：專從（　　　　），即使（　　　　），也是（　　　　），有什麼用處呢？

參考答案：專從（試卷上去準備聯考），即使（準備得很好），也只是（支離破碎的零星知識），有什麼用處呢？

又如佚名〈木蘭詩〉：

兩兔傍地走，安能辨我是雄雌？

這例句也是「問而不答」的「激問」。肯定句當作「兩兔傍地走，不能辨我是雄雌」。作者運用「激問」方式來表達，使文章不呆板，而有韻味。

活用練習：臉型相似的（　　　）在一起，如何分辨誰是哥哥？

參考答案：臉型相似的（孿子兄弟）在一起，如何分辨誰是哥哥？

又如夏承楹〈運動最補〉：

人到了不能甩手、散步的程度，豈不就是「落了炕」的病夫呢？

這例句也是「問而不答」的「激問」。肯定句當作「人到了不能甩手、散步的程度，就是『落了炕』的病夫」。作者運用「激問」方式來表達，使文章更靈活，而不呆板。

活用練習：人到了（　　　）、（　　　）的程度，豈不就是「病入膏肓」嗎？

參考答案：人到了（飯不能吃）、（水不能喝）的程度，豈不就是「病入膏肓」嗎？

又如顧炎武〈廉恥〉：

況為大臣而無所不取，無所不為，則天下其有不亂，國家其有不亡者乎？

這例句是「問而不答」的「激問」。肯定句當作「況爲大臣而無所不取，無所不爲，則天下必亂，國家必亡」。作者運用「激問」方式表達，使文章不呆板，而更活潑。

活用練習：（　　　　）、（　　　　），社會哪有不亂？國家哪有不亡？

參考答案：（文官都是貪財好色），（武官都是貪生怕死），社會哪有不亂？國家哪有不亡？

又如《論語・述而》：

求仁而得仁，又何怨？

這例句也是「問而不答」的「激問」。肯定句當作「求仁而得仁，不怨」。作者運用「激問」方式來表達，比較活潑、生動。

活用練習：（　　　　），怎能怨天尤人？

參考答案：（惡有惡報），怎能怨天尤人？

3、懸問：

凡是作者內心確實存有疑惑，而刻意將此疑惑懸示出來詢問讀者的一種設問，叫做懸問。例如邵僩〈汗水的啓示〉：

誰知道那些維護城市整潔的工作人員，又流了多少汗水呢？

這是「問而不答」的「懸問」。「問而不答」的「激問」，答案在問題反面；但「問而不答」的「懸問」，卻沒有答案，也不知道答案。這是二者的區別。肯定句當作「那些維護城市整潔的工作人員，流了很多汗水」。作者運用「懸問」方式來表達，使文章更活潑、更生動，又易於引起讀者的注意力。

活用練習：誰知道（　　　　），流了多少血汗呢？

參考答案：誰知道（一貧如洗的父母爲了養育子女），流了多少血汗呢？

又如吳延玫〈火鷓鴣〉：

你不知道那聲音是來自地下，還是來自天上？

這也是「問而不答」的「懸問」。肯定句當作「那聲音不是來自地下，就是來自天上」。肯定句太呆板，因此作者運用「懸問」方式來表達，使文章更有韻味，也比較活潑。「地下」、「天上」，又是「映襯」。

活用練習：你不知道那笑聲是來自（　　　），還是來自（　　　）？

參考答案：你不知道那笑聲是來自（左鄰），還是來自（右舍）呢？

又如朱敦儒〈相見歡〉：

中原亂，簪纓散，幾時收？

這也是「問而不答」的「懸問」。肯定句當作「中原不亂，簪纓不散，故土可以收復」。使用肯定句平淡無奇，因作者運用「懸問」方式來表達，比較生動，更能引人注意。

活用練習：（　　　），（　　　），何時才能使功課好轉？

參考答案：（上課不專心聽講），（下課不努力讀書），何時才能使功課好轉？

又如都德著、胡適譯〈最後一課〉：

唉！我這兩年為什麼不肯好好地讀書？為什麼去捉鴿子、打木球呢？

連用兩個「問而不答」的「懸問」，使文章更生動、更活潑。肯定句當作「唉！我這兩年應該好好地讀書？不應該去捉鴿子、打木球」。肯定句比較平淡呆板，因此作者運用「懸問」方式來表達，比較容易引起讀者的注意力。

活用練習：唉！我這三年爲什麼（　　　）？爲什麼去（　　　）、（　　　）呢？

參考答案：唉！我這三年爲什麼（不認真準備聯考）？爲什麼去（看武俠小說）、（打電動玩具）呢？

(二)依問數分類

設問依問數分類，可以分爲一問一答、一問不答、一問多答、多問一答、多問多答、連問連答、多問不答七種。㊻因篇幅關係，不作活用練習，僅舉例詮釋。

1、一問一答：

設問中的「提問」，多半是「一問一答」，例如翁森〈四時讀書樂〉：

讀書之樂何處尋？數點梅花天地心。

「讀書之樂何處尋」，是「問」。「數點梅花天地心」，是「答」。這是「一問一答」的設問。肯定句當作「數點梅花天地心，是讀書之樂」。作者運用設問方式表達，使文章產生波瀾，增加情趣。

又如梁啓超〈敬業與樂業〉：

> 怎樣才能把一種勞作做到圓滿呢？惟一的秘訣就是忠實，忠實從心理上發出來的便是敬。

這也是「一問一答」的設問。「怎樣才能把一種勞作做到圓滿呢」，是「問」。「惟一的秘訣就是忠實，忠實從心理上發出來的便是敬」，是「答」。上下句重複使用「忠實」，是「頂針」。簡潔的肯定句當作「忠實才能把一種勞作做到圓滿」。肯定句太呆板，作者爲避免呆滯，使文章增加情趣，因此，採用設問方式來表達。

2、一問不答：

設問中的「激問」、「懸問」，多半是「一問不答」。例如：

> 生活除了溫馨甜美，又何嘗不也有重重的挫折和艱苦？

這是「一問不答」的「激問」，雖然問而不答，但答案卻在問題的反面。肯定句當作「生活除了溫馨甜美，又有重重的挫折和艱苦」。爲了避免呆滯，增加情趣，因此採用「一問不答」的「激問」。

又如鄭板橋〈寄弟墨書〉：

主客原是對待之義，我何貴而彼何賤乎？

這也是「一問不答」的「激問」。肯定句當作「主客原是對待之義，我不貴而彼不賤」。由於肯定句太呆板，不靈活，因此採用「一問不答」的「激問」，來引起讀者的注意。

又如周敦頤〈愛蓮說〉：

蓮之愛，同予者何人？

這是「一問不答」的「懸問」，也是沒有答案的設問，肯定句當作「蓮之愛，同予者某人」，「某人」一定要寫出眞實姓名，不能杜撰。作者運用「一問不答」的「懸問」，使文章產生波瀾，增加情趣。

又如岳飛〈滿江紅〉：

靖康恥，猶未雪；臣子恨，何時滅？

這是「一問不答」的「懸問」。何時消滅敵人？很難確定日期。正如同海峽兩岸何時統一？時間表也是難以訂定。作者運用「懸問」來表達，可以使文章更有韻味，而不呆滯。

3、一問多答：

設問中的「提問」，也有「一問多答」。例如范仲淹〈岳陽樓記〉：

嗟夫！予嘗求古仁人之心，或異二者之為，何哉？不以物喜，不以己悲；居廟堂之高，則憂其民；處江湖之遠，則憂其君。

「予嘗求古仁人之心，或異二者之爲，何哉」，是「問」。「不以物喜，不以己悲；居廟堂之高，則憂其民；處江湖之遠，則憂其君」，是「答」。這是「一問多答」的「提問」。

又如《論語・憲問》：

子曰：「何以報德？以直報怨，以德報德。」

這也是「一問多答」的「提問」。「何以報德」，是「問」。「以直報怨，以德報德」，是「答」。

4、多問一答：

設問中的「提問」，也有「多問一答」。例如梁啓超〈最苦與最樂〉：

人生什麼事最苦呢？貧嗎？不是。

「人生什麼事最苦呢？貧嗎？」是「問」。「不是」，是「答」。這是「多問一答」的「提問」。「多問一答」，不僅使文章更有韻味，也更易於引起讀者的注意。

又如《論語・子罕》：

子聞之，謂門弟子曰：「吾何執？執御乎？執射乎？吾執御矣。」

這也是「多問一答」的「提問」。「吾何執？執御乎？執射乎？」是「問」。「吾執御矣」，是「答」。這是孔子「自問自答」，但連用三個設問來問自己，最後自己以「吾執御矣」作答。

5、**多問多答**：

設問中的「提問」，也有「多問多答」。例如佚名〈木蘭詩〉：

問女何所思？問女何所憶？女亦無所思，女亦無所憶。

「問女何所思？問女何所憶？」是「問」。「女亦無所思，女亦無所憶」，是「答」。這是「多問多答」的「提問」。「女亦無所思，女亦無所憶」，就整體形式而言，又是「排比」。

又如江蘇宜興民歌〈什麼彎彎升上天〉：

什麼彎彎升上天？什麼彎彎分兩邊？什麼彎彎能割稻？什麼彎彎會種田？月亮彎彎升上天，牛角彎彎分兩邊，鐮刀彎彎能割稻，雙手彎彎能種田。

這也是「多問多答」的「提問」。順言當作「什麼彎彎升上天？月亮彎彎升上天。什麼彎彎分兩邊？牛角彎彎分兩邊。什麼彎彎能割稻？鐮刀彎彎能割稻。什麼彎彎會種田？雙手彎彎能種田。」這是「一問一答」，也是「連問連答」。作者不用「一問一答」、「連問連答」，而用「多問多答」，使文章更有變化，更有韻味。

6、連問連答：

設問中的「提問」，也有連問連答。例如梁啓超〈最苦與最樂〉：

人生什麼事最苦呢？貧嗎？不是。失意嗎？不是。老嗎？死嗎？都不是。

這例句就整體形式而言，是「連問連答」。「人生什麼事最苦呢？貧嗎？不是。」是「多問一答」。「失意嗎？不是。」是「一問一答」。「老嗎？死嗎？都不是。」是「多問一答」。這是由「多問一答」、「一問一答」、「多問一答」構成的「連問連答」。

又如李白〈思邊〉：

去年何時君別妾？南國綠園飛蝴蝶。今歲何時妾憶君？西山白雪暗秦雲。

這也是「連問連答」的設問。「去年何時君別妾？南國綠園飛蝴蝶。」是「一問一答」的設問。「今歲何時妾憶君？西山白雪暗秦雲。」也是「一問一答」的設問。這例句是由兩個「一問一答」組成的「連問連答」。

7、**多問不答**：

設問中的「激問」、「懸問」，也有「多問不答」。例如《論語・學而》：

子曰：「學而時習之，不亦說乎？有朋自遠方來，不亦樂乎？人不知而不慍，不亦君子乎？」

這是「多問不答」的「激問」。肯定句當作「學而時習之，悅也；有朋自遠方來，樂也；人不知而不慍，君子也。」肯定句比較呆滯，運用「多問不答」的方式來表達，比較生動、活潑，也容易引起讀者的共鳴。

又如《詩經・小雅・蓼莪》：

無父何怙？無母何恃？

這也是「多問不答」的「激問」。肯定句當作「有父有怙，有母有恃」。運用「多問不答」

的方式來表達，使文章更有情趣、更有韻味。

又如朱自清〈匆匆〉：

我們的日子為什麼一去不復返呢？——是有人偷了他們吧？那是誰？又藏在何處呢？是他們自己逃走了吧？現在又到了那裡呢？

這是連用六個「問而不答」的「懸問」組成的「多問不答」。這些問題都很難找到答案，因此是名副其實的「問而不答」。若就內容而言，層層逼進，如剝竹筍，一層一層往內剝，問題問得愈來愈深入，使文章更耐人尋味。

又如謝冰瑩〈盧溝橋的獅子〉：

如今我們從這裡踏過，有幾個人曾想到我們的足跡會踏著戰士們當日的血跡？會踏著戰士們當日的頭顱？有幾個人會懺悔抗戰以來他做了昧天良、喪心害理、對不起已死烈士的事？

這也是「多問不答」的設問，是由三個「多問不答」的「懸問」組成的。這三個「懸問」，也是眞正的「問而不答」，找不到正確的答案。運用「多問不答」來表達，使文章更有情趣，而不呆滯。

設問的修辭技巧，雖然僅依內容、問數來分類，並加以闡論，其實教師若能善用這兩方面的修辭技巧，來引導學生，深信在作文方面也會有所裨益。

第八節　示現的解說與活用

所謂示現，是指在語文中，說寫者利用豐富的想像力，運用形象化的語言，將不在眼前，不在耳邊，不可捉摸的事情或景象，進行繪聲繪色的描述，說得如見其人，如聞其聲，如見其形，愛作者之所愛，憎作者之所憎，急作者之所急，想作者之所想的一種修辭技巧。

示現的原則，黃師慶萱認爲有三項：㈠是儘可能訴之於讀者的感官，引起鮮明的印象。㈡是儘可能訴之於讀者的想像，激起共鳴的情緒。㈢是儘可能使所示現的情境與現實的情境形成强烈對比。㊼沈謙則以爲示現的原則主要有兩點：㈠是運用側筆，主動呈現。㈡是馳騁想像，激發共鳴。㊽運用示現必須具備三個條件：㈠是具有一定的生活經驗。㈡是具有一定的想像力。㈢是對生活圖景具有較强烈的表現意識。㊾示現的作用，范井水認爲示現可以增强說寫者所刻意描述的意象，使之活龍神現，可見、可聞、可觸、可感，使讀者如身臨其

境，獲得極大的美感享受。㊿

示現的分類，一般學者多半分為追述的示現、預言的示現、懸想的示現三種。成偉鈞、唐仲揚、向宏業主編《修辭通鑒》，將追述的示現依據性質和感情、色彩，又分為回想的示現、哀悼的示現、懷念的示現、神往的示現、披露的示現等五種。預言的示現又分為判斷的示現、推測的示現、理想的示現等三種。懸想的示現按照性質又分為設想的示現、幻想的示現、玄想的示現、暢想的示現、幻覺的示現、夢想的示現等六種。㊿①限於篇幅，僅闡明追述的示現、預言的示現、懸想的示現三大類。

㈠追述的示現

所謂追述的示現，是指在語文中，將以往的事情描述得彷彿仍然在眼前一樣的示現的一種修辭技巧。例如朱自清的〈春〉：

「吹面不寒楊柳風」，不錯的，像母親的手撫摸著你。風裡帶來些新翻泥土的氣息，混著青草味，還有各種花的香，都在微微潤溼的空氣裡醞釀。鳥兒將窠巢安在繁花嫩葉當中，高興起來了，呼朋引伴地賣弄清脆的喉嚨，唱出宛轉的曲子，與輕風流水應和著。牛背上牧童的短笛，這時候也成天在嘹亮地響。

這是作者「追述」的示現。追述春天的輕風、花香、鳥兒、流水以及牧童的短笛，運用「觸覺」、「嗅覺」、「視覺」、「聽覺」多方面的示現。「『吹面不寒楊柳風』，不錯的，像母親的手撫摸著你」：這是「觸覺」的示現。「風裡帶來些新翻泥土的氣息，混著青草味，還有各種花的香，都在微微潤溼的空氣裡醞釀」：這是「嗅覺」的示現。「鳥兒將窠巢安在繁花嫩葉當中，高興起來了」：這是「視覺」的示現。「（鳥兒）呼朋引伴地賣弄清脆的喉嚨，唱出宛轉的曲子，與輕風流水應和著」：這是「聽覺」的示現。「牛背上牧童的短笛，這時候也成天在嘹亮地響」，這也是「聽覺」的示現。

活用練習：夏天的夜晚，既可以聽到（　　　　）如同交響樂般的美妙，又可以看到（　　　　）在空中自由自在的飛舞。

參考答案：夏天的夜晚，既可以聽到（蟲鳴蛙叫）如同交響樂般的美妙，又可以看到（螢火蟲）在空中自由自在的飛舞。

又如徐志摩〈翡冷翠山居閒話〉：

> 作客山中的妙處，尤在你永不須躊躇你的服色與體態。你不妨搖曳著一頭的蓬草，不妨縱容你滿腮的苔蘚；你愛穿什麼就穿什麼；扮一個牧童，扮一個漁翁，裝一個農

夫，裝一個走江湖的桀卜閃，裝一個獵戶。你再不必提心整理你的領結，你儘可以不用領結，給你的頸根與胸膛一半日的自由。你可以拿一條這邊豔色的長巾包在你的頭上，學一個太平軍的頭目，或是拜倫那埃及裝的姿態；但最要緊的是穿上你最舊的舊鞋，別管他模樣不佳，他們是頂可愛的好友，他們承著你的體重卻不叫你記起你還有一雙腳在你的底下。

這也是「追述」的示現。作者追述自己在翡冷翠山中作客的經驗。作者認爲在山中作客，可以優閒自在，不受拘束，不憂愁自己的服色和體態。因此，頭髮散亂，滿臉鬍鬚，都無所謂，甚至於愛穿什麼衣服就穿什麼衣服，愛作何種打扮都可以自由抉擇，毫無拘束，但最重要的是順其自然。

活用練習：暑假到海邊，你可以在水裡（　　　），親自體會如魚得水般的歡悅；你也可以在（　　　）上，觀賞自然的美景，陶醉在美景之中。

參考答案：暑假到海邊，你可以在水裡（游泳），親自體會如魚得水般的歡悅；你也可以在（沙灘）上，觀賞自然的美景，陶醉在美景之中。

(二)預言的示現

所謂預言的示現，是指在語文中，將未來的事情描繪得宛如已經發生在眼前一樣的示現的一種修辭技巧。例如朱自清的〈春〉：

桃樹、杏樹、梨樹，你不讓我，我不讓你，都開滿了花趕趟兒。紅的像火，粉的像霞，白的像雪。花裡帶著甜味；閉了眼，樹上髣髴已經滿是桃兒、杏兒、梨兒！

作者首先描敍桃樹、杏樹、梨樹開滿了花，然後預言未來這些樹結了果實。因此，一閉了眼，這些樹好像結了果實的桃兒、杏兒、梨兒。「閉了眼，樹上髣髴已經滿是桃兒、杏兒、梨兒！」這是「預言」的示現。

活用練習：嚴寒的冬天，一切都在冬眠，一想到（　　　　），彷彿看到了百花盛開，聽到了鳥語，聞到了花香。

參考答案：嚴寒的冬天，一切都在冬眠，一想到（春天），彷彿看到了百花盛開，聽到了鳥語，聞到了花香。

又如《吳越春秋》：

> 子胥曰：「今王棄忠信之言，以順敵人之欲，臣必見越之破吳，豸鹿遊於姑胥之臺，荊棘蔓於宮闕。

這是伍子胥預言越國必將消滅吳國。「豸鹿遊於姑胥之臺，荊棘蔓於宮闕」，這是「預言」的示現，描敍吳國將來破滅以後，淒涼的景象。「忠言逆耳利於行」，但吳王卻拋棄忠信之言，以致身死國亡，豈不痛哉？

活用練習：現在不知（　　　　）的學生，到了考試，一定考（　　　　），甚至於（　　　　）。

參考答案：現在不知（用功讀書）的學生，到了考試，一定考（不及格），甚至於（「滿江紅」）。

㈢懸想的示現

所謂懸想的示現，是指在語文中，將想像的事物描述得好像就在眼前一樣的示現的一種修辭技巧。例如魏巍〈誰是最可愛的人〉：

我們在這裡吃雪，正是為了我們祖國人民不吃雪，他們可以坐在挺豁亮的屋子裡，泡上一壺茶，守住個小火爐子，想吃點什麼，就做點什麼。

作者懸想祖國人民過著安和樂利的生活。「坐在挺豁亮的屋子裡，泡上一壺茶，守住個小火爐子，想吃點什麼，就做點什麼」，這是「懸想」的示現。作者詳盡而細膩地描繪，使人如入其境、如見其人。

活用練習：理想的（　　　　），是家家夜不閉戶，人人不爲非作歹，你我不爭名奪利，大家和樂相處

參考答案：理想的（世界大同），是家家夜不閉戶，人人不爲非作歹，你我不爭名奪利，大家和樂相處。

又如覃子豪《詩的解剖・樹》：

你看：

蝸蟻，

這辛勞的歷史學者，

奔波於我的軀體，
循年輪做考證；
你看：
蜂、鳥，
這些歌者要從我的枝葉間，
探索自然的美音。

這也是「懸想」的示現。作者利用「懸想」的方式，描敘螞蟻爬到樹上，考察年輪；蜂、鳥在樹上唱歌，追求自然的音樂。

活用練習：清澈的（　　）在山谷裡淙淙地流著，洗滌了人們心中的塵埃；溫柔的（　　）在湖面上輕輕地吹著，吹走了人們心中的愁悶。

參考答案：清澈的（泉水）在山谷裡淙淙地流著，洗滌了人們心中的塵埃；溫柔的（清風）在湖面上輕輕地吹著，吹走了人們心中的愁悶。

示現的優點，是在於能打破時空的限制，讓不能見、不能聞的事物，都可以看得見、聽得到，使人如入其境、如見其人。因此，作者運用豐富的想像力創作，讀者也運用豐盛的想像力觀賞，雙方都沒有時空限制。

第九節　摹寫的解說與活用

凡是在語文中，作者對事物的聲音、顏色、形體、情狀的各種感受，加以描繪形容的一種修辭技巧，叫做摹寫。摹寫，又叫摹狀，也叫摹擬。一般修辭學的書籍多半叫做摹狀，黃師慶萱認爲「『摹狀』一詞，易使讀者誤會爲視覺所得各種形狀的摹繪」，因此改稱爲「摹寫」。㊾摹寫可以說是廣義的摹擬，就是文學作品對自然和人生各種現象的摹擬。㊿所以黎運漢、張維耿把「摹寫」叫做「摹擬」。54（民國八十二年）國中國文課本採用「摹寫」一詞。

摹寫的作用有四：㈠是可以增加對事物敍述的鮮明性和眞實感，使讀者彷彿親臨其境，如聞其聲，如見其形。㈡是可以使人物形象清晰地印在讀者的腦海中。㈢是可以渲染氣氛，增强表達效果。㈣是旣可以把作者對事物所持的態度明白地表示出來，又可以將事物的愛憎感情强烈地抒發出來。55摹寫的原則有六：㈠是儘可能作動態的摹寫，㈡是儘可能作綜合的摹寫，㈢是必須通過作者主觀的觀照，㈣是不妨表現出作者的心境，㈤是描寫具體的反應，使讀者產生鮮明印象，㈥是不妨參用其他修辭方式。56

摹寫的分類，黎運漢、張維耿《現代漢語修辭學》分爲擬聲、繪色、摹狀三類，陸稼祥、池太寧主編《修辭方式例解詞典》分爲摹聲、繪色、描形、擬狀四類，黃師慶萱《修辭學》分爲視覺的摹寫、聽覺的摹寫、嗅覺的摹寫、味覺的摹寫、觸覺的摹寫、綜合的摹寫六類，吳正吉《活用修辭》分爲摹視、摹聽、摹嗅、摹味、摹觸五類。黎、張、陸、池四氏依作者所描摹的對象分類，黃師、吳氏依作者本身的感覺分類。此外，黃師麗貞又提出心覺的摹寫。本文擬將摹寫分爲視覺、聽覺、嗅覺、味覺、觸覺、心覺六類，加以舉例詮解。

㈠視覺的摹寫

凡是在語文中，將眼睛所看到的各種人、事、物的感受，通過作者本身的體會，加以描述形容的一種修辭技巧，叫做視覺的摹寫，又簡稱爲摹視，也叫摹色。例如陳衡哲〈居里夫人小傳〉：

他（指居里先生）有琥珀色的頭髮，大而清明的眼睛，莊嚴和藹的態度，以及一個夢想家的神情。

「琥珀色的頭髮」、「大而清明的眼睛」、「莊嚴和藹的態度」、「一個夢想家的神情」，這是作者描述居里先生的頭髮、眼睛、態度、神情，僅是外貌的摹寫，也是靜態人物的摹寫，又是「視覺的摹寫」。

活用練習㈠：她有一個（　　）的身材，（　　）的眼睛，（　　）的秀髮，（　　）的肌膚。

參考答案：她有一個（苗條像修竹）的身材，（明亮如秋水）的眼睛，（烏黑似青絲）的秀髮，（白嫩如春筍）的肌膚。

活用練習㈡：他有一個（　　）的身軀，（　　）的眼睛，（　　）的頭髮，（　　）的態度，（　　）的表情。

參考答案：他有一個（魁梧高大）的身軀，（如寒星、似寶珠）的眼睛，（烏溜溜）的頭髮，（和藹可親）的態度，（平易近人）的表情。

又如蘇梅〈禿的梧桐〉：

> 不幸園裡螞蟻過多，梧桐的枝幹，為蟻所蝕，漸漸的不堅牢了。一夜雷雨，便將它的上半截劈去，……但勇敢的梧桐，並不因此挫了它的志氣。螞蟻又來了，風又起了，

好不容易長得掌大的葉兒又飄去了。但它不管，仍然萌新的芽，吐新的葉，整整地忙了一個春天，又整整地忙了一個夏天。

這段是描繪梧桐受到風雨和螞蟻的侵襲，卻仍然萌芽吐葉，這是動態植物的「視覺摹寫」。作者藉梧桐的奮鬥精神，告訴人們要克服環境的種種困難，培養求生的意志。

活用練習㈠：池塘的荷葉正如同（　　　　）的水草。），荷葉下面，浮著（　　　　）菱角，池塘旁邊，長滿了（　　　　）的水草。

參考答案：池塘的荷葉正如同（撐開的雨傘），荷葉下面，浮著（許許多多紅通通的）菱角，池塘旁邊，長滿了（釉綠）的水草。

活用練習㈡：一輪明月，從東方（　　　　）升了上來，把光（　　　　）大地上，使大地（　　　　），變成了（　　　　）世界。

參考答案：一輪明月，從東方（靜悄悄地、慢吞吞地）升了上來，把光（送到）大地上，使大地（一片通明），變成了（水晶）世界。

㈡聽覺的摹寫

凡是在語文中，把耳朵所聽到的各種不同聲音，通過作者親身的感受，加以眞實地描述的一種修辭技巧，叫做聽覺的摹寫，簡稱爲摹聽，又叫摹聲。例如梁實秋〈鳥〉：

黎明時，窗外是一片鳥囀，……有的一聲長叫，包括著六七個音階；有的只是一個聲音，圓潤而不覺其單調；有時是獨奏，有時是合唱，簡直是一派和諧的交響樂。不知有多少個春天的早晨，這樣的鳥聲把我從夢境喚起。

這是作者描繪鳥叫的聲音，有長叫、短叫，有一隻鳥單獨啼叫、許多隻鳥一齊啼叫，眞像演奏交響樂。一隻單獨啼叫，比方作獨奏；許多隻鳥一齊啼叫，比方作合唱。作者用音樂的聲音，來比喩鳥各種不同啼叫的聲音。

活用練習㈠：小溪（　　　　）的流水聲，好像跟我輕聲細語；瀑布（　　　　）的激流聲，眞像和我互相拍手；山雞（　　　　）的啼叫聲，如同與我一齊合唱。

參考答案：小溪（琤琤琮琮）的流水聲，好像跟我輕聲細語；瀑布（嘩啦嘩啦）的激流聲，眞像和我互相拍手；山雞（咕嚕咕嚕）的啼叫聲，如同與我一齊合唱。

活用練習(二)：山上的泉水（　　　）流動，樹上的麻雀（　　　）鳴叫，路上的遊客（　　　）唱歌。

參考答案：山上的泉水（潺潺地）流動，樹上的麻雀（吱吱喳喳地）鳴叫，路上的遊客（大聲地）唱歌。

又如劉鶚〈明湖居聽書〉：

忽羯鼓一聲，（黑妞）歌喉遽發，字字清脆，聲聲宛轉，如新鶯出谷，乳燕歸巢。每句七字，每段數十句，或緩或急，忽高忽低，其中轉腔換調之處百變不窮。覺一切歌曲腔調，俱出其下，以為觀止矣。

這是描述黑妞的歌聲，千變萬化，悅耳動聽，使人百聽不厭。作者不僅用「新鶯出谷」，來比喻聲調的輕快宛轉；又用「乳燕歸巢」，來比喻聲調清新嬌嫩。

活用練習(一)：音樂老師彈出來的琴聲，不但能呈現（　　　）的聲調，而且高音如（　　　），低音似（　　　），使人有（　　　）的感覺。

參考答案：音樂老師彈出來的琴聲，不但能呈現（抑揚頓挫）的聲調，而且高音如（急雨），低音似（私語），使人有（大珠小珠落玉盤）的感覺。

活用練習(二)：洞簫的聲音，低沈嗚咽，宛如（　　　），如同（　　　），好像（　　　），眞像（　　　）。

參考答案：洞簫的聲音，低沈嗚咽，宛如（在幽怨），如同（在哀泣），好像（在傾訴），眞像（在思慕）。

(三)嗅覺的摹寫

凡是在語文中，把鼻子所聞到的各種不同氣味，通過作者親身的體驗，加以描繪的一種修辭技巧，叫做嗅覺的摹寫，又簡稱爲摹嗅。例如朱自清〈春〉：

花裡帶著甜味；閉了眼，樹上髣髴已經滿是桃兒、杏兒、梨兒！……風裡帶來些新翻泥土的氣息，混著青草味，還有各種花的香，都在微微潤濕的空氣裡醞釀。

作者描述春光來到人間時，有各種花香，花中帶著甜味，風中帶來些新翻泥土的氣息，混著青草味，這些都是「嗅覺的摹寫」。

活用練習㈠：奶奶不止喜愛（　　　）桂花，也喜歡（　　　）茉莉，又喜愛（　　　）梔子花。

參考答案：奶奶不止喜愛（飄來一陣陣的甜香的）桂花，也喜歡（發出一股迷人的幽香的）茉莉花，又喜愛（濃郁醉人的芳香的）梔子花。

活用練習㈡：春天一來，花開了，（　　　）；草綠了，（　　　）。

參考答案：春天一來，花開了，（散出各種的芳香）；草綠了，（發出不同的氣味）。

又如徐志摩〈翡冷翠山居閒話〉：

> 風息是溫馴的，而且往往因為他是從繁花的山林裡吹度過來，他帶來一股幽遠的澹香，連著一息滋潤的水氣，摩挲著你的顏面，輕繞著你的肩腰，就這單純的呼吸已是無窮的愉快。

作者描繪風從繁花的山林中，帶來一股幽遠的澹香，連著一息滋潤的水氣，這是「嗅覺的摹寫」。花香、水氣撫摸人們的臉，輕繞人們的肩腰。「摩挲著你的顏面，輕繞著你的肩腰」，是運用排比修辭法。

活用練習(一)：嬰兒的小嘴，散發著（　　　　）。

參考答案：嬰兒的小嘴，散發著（甜甜的奶香）。

活用練習(二)：山中的小花散布著（　　　　）。

參考答案：山中的小花散布著（淡淡的幽香）。

(四)味覺的摹寫

凡是在語文中，把口舌所品嘗的各種不同味道，通過作者親自的體會，加以描摹的一種修辭技巧，叫做味覺的摹寫，簡稱爲摹味。例如蘇進强〈楊桃樹〉：

原來兩人躲在楊桃樹下，儘摘下面的果子，一個一個嘗，發現都是澀澀苦苦的，沒有臺北的楊桃汁甜。

「澀澀苦苦的」，是摹寫楊桃的味道。「甜」，是形容楊桃汁的味道。

活用練習㈠：圓圓綠綠的芭樂，吃起來（　　　）。

參考答案：圓圓綠綠的芭樂，吃起來（香香的、甜甜的）。

活用練習㈡：爸爸炒的豆芽菜，（　　　），眞好吃。

參考答案：爸爸炒的豆芽菜，（又香又脆），眞好吃。

又如朱自清〈說揚州〉：

北平尋常提到江蘇菜，總想著是甜甜的、膩膩的。

「甜甜的、膩膩的」，是描述江蘇菜的味道，這是「味覺的摹寫」。

活用練習㈠：便當中的肉，（　　　），特別（　　　），格外好吃。

參考答案：便當中的肉，（鹹鹹的、腥腥的、潤潤的），特別（芳香），格外好吃。

活用練習㈡：紅通通的蘋果，吃起來（　　　）。

參考答案：紅通通的蘋果，吃起來（香香的、脆脆的、甜甜的）。

(五)觸覺的摹寫

凡是在語文中，將肌膚肢體所接觸的各種不同感覺，通過作者本身的體驗，加以描寫的一種修辭技巧，叫做觸覺的摹寫，簡稱為摹觸。例如：

風輕悄悄的，草綿軟軟的。（朱自清〈春〉）

作者描述春天自然界的形形色色，對風的感覺是「輕悄悄的」，對草的感覺是「綿軟軟的」，這些都是「觸覺的摹寫」。

活用練習(一)：（　　　　）冬天，弟弟吃了一個（　　　　）饅頭，就不再冷得顫抖。

參考答案：（冷颼颼的）冬天，弟弟吃了一個（熱騰騰的）饅頭，就不再冷得顫抖。

活用練習(二)：北風夾帶沙石，吹到人的臉上，好像（　　　　）似的疼痛，十分難過。

參考答案：北風夾帶沙石，吹到人的臉上，好像（打針）似的疼痛，十分難過。

又如梁實秋〈早起〉：

記得從前俞平伯先生有兩行名詩：「被窩暖暖的，人兒遠遠的……。」在這「暖暖……遠遠……」的情形之下，毅然決然的從被窩裡竄出來，尤其是在北方那樣寒冷的天氣，實在是不容易。

作者敘述在寒冷的天氣，能夠早起，是件不容易的事，所以曾國藩說：「作人從早起起。」「被窩暖暖的」、「那樣寒冷的天氣」，都是「觸覺的摹寫」，描繪被窩的溫暖和天氣的寒冷，成了強烈的對比。

活用練習(一)：（　　　）夏夜，吃（　　　）冰淇淋，十分涼快。

參考答案：（熱蓬蓬的）夏夜，吃（冰涼涼的）冰淇淋，十分涼快。

活用練習(二)：夏天全身像膠帶（　　　），用（　　　）香皂，洗（　　　）澡，格外舒服。

參考答案：夏天全身像膠帶（黏黏的），用（滑溜溜的）香皂，洗（熱呼呼的）澡，格外舒服。

㈥心覺的摹寫

凡是在語文中，把心中所感受的各種不同情懷，通過作者親身的體會，加以描繪的一種修辭技巧，叫做心覺的摹寫，也叫思覺的摹寫57，簡稱為摹心，又叫摹情。例如周素珊〈第一次眞好〉：

今天第一次看到這棵果實如此豐碩的柚子樹，霎時間，心頭充滿了喜悅與新奇。

作者描述第一次看到果實纍纍的柚子樹，心中十分歡悅和新奇。「心頭充滿了喜悅與新奇」，這是「心覺的摹寫」。

活用練習㈠：各類比賽，賽前的嚴格訓練總是十分辛勞，賽後的勝利卻是（　　　　）。

參考答案：各類比賽，賽前的嚴格訓練總是十分辛勞，賽後的勝利卻是（欣喜若狂）。

活用練習㈡：（　　　　）考生很怕名落孫山，等到金榜題名，卻是（　　　　）。

參考答案：（憂心忡忡的）考生很怕名落孫山，等到金榜題名，卻是（心花朵朵開）。

又如李白〈登金陵鳳凰臺〉：

總為浮雲能蔽日，長安不見使人愁。

作者以比喻的手法，描繪小人蒙蔽國君，使有才能的人無法展現理想的抱負，因此抒發憂愁的心思。「長安不見使人愁」，這是「心覺的摹寫」。

活用練習㈠：待人處事必須本著（　　　）的態度，千萬不要忘恩負義，使人（　　　）。

參考答案：待人處事必須本著（「滴水之恩，泉湧以報」）的態度，千萬不要忘恩負義，使人（傷心、痛心、寒心）。

活用練習㈡：人生得意時，固然可以盡情地（　　　）；但失意時，卻必須面對問題，解決疑難，切勿（　　　）。

參考答案：人生得意時，固然可以盡情地（歡樂）；但失意時，卻必須面對問題，解決疑難，切勿（愁眉苦臉）。

「視覺的摹寫」，是用眼睛；「聽覺的摹寫」，是用耳朵；「嗅覺的摹寫」，是用鼻子；「味覺的摹寫」，是用口舌；「觸覺的摹寫」，是用肌膚肢體；「心覺的摹寫」，是用心思情感。平時，若能適當地運用眼睛、耳朵、鼻子、口舌、肌膚肢體、心思情感，來摹寫人、事、物的狀況，深信可以寫出精心傑作來。

第十節　象徵的解說與活用

所謂象徵，是指在語文中，由於理性的關聯與想像、社會的約定俗成，使用具體的意象來表達抽象的觀念與情感，或使用一種看得見的符號來表現看不見的事物的一種修辭技巧。象徵的表達方式，是間接敍述而不是直接指明。

象徵的作用有三：㈠是可以使內容表達得曲折、含蓄，但形象具體，寫意深刻。㈡是可以深化作品的主題，並且耐人尋味。㈢是可以給人深刻的印象和强烈的感染。㊽象徵的原則，黃師慶萱認爲有六項原則：㈠是結合意象，使象徵有足夠的可信度。㈡是濃縮文字，納深廣題旨於短篇之中。㈢是超越時空，呈現普遍而永恆的價值。㈣是要有重心，一篇之中象徵不可太多。㈤是避免淺俗，不可直接揭示作者用意。㈥是要求自然，創作欣賞切忌機械附會。㊾沈謙則以爲象徵有兩項原則：㈠是隨時起情，㈡是依微擬議。㊿

象徵的分類，黃師慶萱引用顏元叔〈現代英美短篇小說的特質〉一文中的看法，將象徵分爲象徵結構、象徵人物、象徵事物三種。㉛唐松波、黃建霖卻將象徵分爲明徵和暗徵兩種。㉜袁志宏則將象徵分爲聯想象徵、描繪象徵兩種。㉝沈謙卻將象徵分爲普遍的象徵、特定的象徵兩種。㉞成偉鈞、唐仲揚、向宏業則將象徵分爲隱喻性象徵、暗示性象徵兩種。㉟從中國文學發展史而言，象徵首先以神話的形式出現。由神話到寓言，是文學作品從無意識的象徵變爲有意識的象徵。無論神話或寓言，都是將整個故事當作象徵，所以李德裕《新編實用修辭》說：「象徵是一種篇章修辭法。」其實，象徵不止是一種篇章修辭法，也是一種字句修辭法。因此，象徵的分類，依形式而言，可以分爲明徵和暗徵兩種；依內容而言，可以分爲普遍的象徵和特定的象徵兩種。

㈠依形式而言

象徵的分類，從結構上看，可以分爲明徵和暗徵兩種。

1、明徵：

所謂明徵，是指在語文中，象徵客體、象徵義、聯繫詞同時出現的一種修辭技巧。例如李剛〈彩虹〉：

> 那赤色，象徵著熱情的火焰，熾熱暖人；那碧綠，象徵著青春的芳草，生機勃勃；那湛藍，象徵著思想的大海，幽遠深沈；那橘黃，象徵著和平的玫瑰，幸福溫馨；……

「赤色」、「碧綠」、「湛藍」、「橘黃」，都是象徵客體。「象徵」，是聯繫詞。「熱情的火焰，熾熱暖人」、「青春的芳草，生機勃勃」、「思想的大海，幽遠深沈」、「和平的玫瑰，幸福溫馨」，都是象徵義。

活用練習：紅色象徵（　　），綠色象徵（　　），蘭花象徵（　　），牡丹象徵（　　），鴿子象徵（　　），獅子象徵（　　）。

參考答案：紅色象徵（喜慶），綠色象徵（青春），蘭花象徵（高潔淡泊），牡丹象徵（富貴），鴿子象徵（和平），獅子象徵（勇敢）。

又如劉亞洲〈百合花〉：

在一間空屋裡，擺著犧牲的戰士的遺物，桌上放著鋼盔。每一頂血染的鋼盔都象徵著一條不死的生命。

「每一頂血染的鋼盔」，是象徵客體。「象徵」，是聯繫詞。「一條不死的生命」，是象徵義。

活用練習：梅花象徵（　　），櫻花象徵（　　），菊花象徵（　　），蓮花象徵（　　）。

參考答案：梅花象徵（中國），櫻花象徵（日本），菊花象徵（隱士），蓮花象徵（君子）。

2、**暗徵**：

所謂暗徵，是指在語文中，不出現象徵義和聯繫詞，只是詳細地描述象徵客體，以顯現或暗示所象徵的意義的一種修辭技巧。例如賀敬之〈西去列車的窗口〉：

那南泥灣钁頭呵，
開出今天沙漠上第一塊綠洲。

「南泥灣的钁頭」，象徵自力更生，艱苦奮鬥的南泥灣精神。「南泥灣的钁頭」，是象徵客體。「象徵」，是聯繫詞。「自力更生，艱苦奮鬥的南泥灣精神」，是象徵義。聯繫詞、象徵義，都不呈現；僅出現象徵客體，因此這例句是暗徵。

活用練習：在人生的旅途上，經歷不少荒山的兇險、陋巷的幽暗，但不論是黃昏，還是午夜，只要我發現一豆（　　　），就會有一線的希望，必定勇往邁進，不懼挫折，不怕艱苦，一直達到成功的彼岸。

參考答案：在人生的旅途上，經歷不少荒山的兇險、陋巷的幽暗，但不論是黃昏，還是午夜，只要我發一豆（燈光），就會有一線的希望，必定勇往邁進，不懼挫折，不怕艱苦，一直達到成功的彼岸。

（燈光，象徵光明、溫暖和力量。）

又如張志民〈詠梅〉：

嚴霜覆蓋飛沙打，
傾冰潑雪又加壓，
踩入地下八千丈，

變作化石也是花。

「梅」，象徵受壓迫的人民，不怕高壓，不懼艱困，寧死不屈的節操。「梅」，是象徵客體。「象徵」，是聯繫詞。「受壓迫的人民，不怕高壓，不懼艱困，寧死不屈的節操」，是象徵義。

活用練習：黑夜給了我黑色的眼睛，我卻用它來找尋（　　）。

參考答案：黑夜給了我黑色的眼睛，我卻用它來找尋（光明）。

（「黑夜」，象徵惡劣的環境。「黑色的眼睛」，象徵奮鬥的意志。）

(二)依內容而言

象徵的分類，從事物的象徵上看，可以分為普遍的象徵和特定的象徵兩種。

1、普遍的象徵：

所謂普遍的象徵，是指在語文中，放諸四海皆準，可以獨立存在，不受上下文限制的象徵的一種修辭技巧。例如國旗象徵國家，太陽象徵光明，喜鵲象徵吉祥，烏鴉象徵厄運，萬里長城、黃河象徵歷史悠久的中國。又如陳之藩〈失根的蘭花〉，象徵國土淪喪的人；列子的〈愚公移山〉，象徵有志竟成。這些都是普遍的象徵。陳之藩〈失根的蘭花〉：

宋朝畫家鄭思肖，畫蘭，連根帶葉，均飄於空中。人問其故，他說：「國土淪喪，根著何處？」國，就是根，沒有國的人，是沒有根的草，不待風雨折磨，即行枯萎了。

鄭思肖的「畫蘭，連根帶葉，均飄於空中」，是寄託「國土淪喪，根著何處？」因此，「失根的蘭花」，象徵國土淪喪的人。「失根的蘭花」，本來是鄭思肖畫中的象徵，經過陳之藩的闡述，「失根的蘭花」成爲中華民族的普遍象徵。

又如劉家昌〈梅花〉：

梅花梅花滿天下，
越冷它越開花。
梅花堅忍象徵我們
巍巍的大中華。
看哪，
遍地開滿了梅花，
有土地就有它。
冰雪風雨它都不怕，

它是我的國花。

「梅花」，是中國的國花，象徵中華民族的堅毅不拔的精神，這是普遍的象徵。這是通過理性的聯想和想像，及文化傳統的約定俗成，使梅花象徵不懼風霜雨雪的不屈不撓精神。

2、特定的象徵：

所謂特定的象徵，是指在語文中，受上下文控制的象徵，在作者的刻意設計安排下，在一定的場景和氣氛中，某項事物含蘊特殊的象徵意義的一種修辭技巧。例如朱自清〈背影〉：

他給我揀定了靠車門的一張椅子，我將他給我做的紫毛大衣鋪好座位。……我再向外看時，他已抱了朱紅的橘子望回走了……他和我走到車上，將橘子一股腦兒放在我的皮大衣上，於是撲撲衣上的泥土，心裡很輕鬆似的。

作者用「紫皮大衣」，象徵「父愛的溫暖」；用「朱紅的橘子」，象徵「父愛的光輝」；用「他給我做的紫皮大衣」、「朱紅的橘子一股腦兒放在我的皮大衣上」，象徵「完整而毫無保留的父愛」。這是作者刻意經營的特定象徵，並不是所有的橘子，都可以象徵父愛。

又如杜運燮〈落葉〉：

一年年地落，落，毫不吝惜地扔到各個角落，又一年年地綠，綠，掛上枝頭，暖人心窩。無論多少人在春天贊許，為新生的嫩綠而驚喜，到秋天還是同樣，一團又一團地被丟進溝壑。好像一個嚴肅的藝術家，總是勤勞地、耐性地、揮動充滿激情的手，又揮動有責任感的手，寫了又撕掉丟掉丟掉，撕掉丟掉又寫，又寫，沒有創造出最滿意的完美作品，絕不甘休。

作者用「落葉」，象徵藝術家嚴肅的創作態度，永無止境的探索精神。

普遍的象徵，如「十字」象徵「救難精神」，「十字架」象徵「基督教」，「青天白日」象徵「自由、平等、博愛」，「龍」象徵「中華民族」，「國旗」象徵「國家」，這也是明徵，易於了解，便於活用練習。但用「橘子」象徵「父愛」，用「落葉」象徵藝術家嚴肅的創作態度和永無止境的探索，是特定的象徵，也是暗徵，不易明白，雖然活用練習比較困難，也可以一試。

第十一節　拈連的解說與活用

拈連，又叫順連、關連或連物。所謂拈連，是指在語文中，敍述甲乙兩件事物時，將本來只適用於甲事物的語詞，拈來用在乙事物上，使甲乙兩件事物自然地連在一起的一種修辭技巧。拈連的特點，具有「順便」、「順手」、「趁勢」的狀況。拈，是將某一語詞從通行的語言環境，拈到一般不可通行的語言環境；連，是使兩種不同語言環境同時出現，並且把甲乙兩件事物連在一起。㊱

拈連與移覺的區別：從形式上而言，拈連是運用在兩件事物連說的時候，而移覺卻是將人的某一種感官得到的印象從另一種感官的角度反映出來。從內容上而言，拈連所連說的兩件事物，前一件總是具體的事物，後一件則是比較抽象或概括的事理，兩件事物都在表現之列；而移覺卻是借此顯彼。從表達作用而言，拈連側重在揭示事物的含蘊；而移覺卻是爲了渲染氣氛，顯現形象，加深意境，使表達更加生動、更加活潑。㊲拈連與移就的區別：移就主要在於使描寫對象沾帶人的意念；拈連主要是通過拈體對本體原義的引申，揭示事物發展的一種新趨向。㊳

拈連的作用，陸稼祥認爲有三項：㈠是可以將思想感情形象化，㈡是可以使抽象事理具體化，㈢是可以讓人物形象性格化。㊴拈連的作用，不僅可以使思想感情形象化，並且可以使抽象事理具體化，也可以使人物形象性格化。

拈連的分類，陸稼祥按照內部結構標準，可分爲全式拈連、略式拈連、倒裝拈連三種。

⑳蔡謀芳則將拈連分爲四種：主受拈連、雙主拈連、雙受拈連、體依拈連。㉑成偉鈞、唐仲揚、向宏業以爲拈連可分爲名詞拈連、動詞拈連、形容詞拈連、數量詞拈連、比喻拈連、比擬拈連、引用拈連七種。㉒各家分類，見仁見智。理想的拈連分類，依詞性分，可分爲名詞拈連、動詞拈連、形容詞拈連、數量詞拈連四種。依結構分，可分爲主賓拈連、雙主拈連、雙賓拈連、倒裝拈連四種。依兼用分，可分爲譬喻拈連、轉化拈連、引用拈連三種。因限於篇幅，僅闡述常見的主賓拈連、雙主拈連、雙賓拈連、倒裝拈連及譬喻拈連五種。

㈠主賓拈連

所謂主賓拈連，是指在語文中，被拈連的兩件事物，恰好是一個句子裡的主語和賓語的關係的一種修辭技巧。例如曾允元〈點絳脣〉詞：

> 一夜東風，枕邊吹散愁多少？

其中「吹」字，不但是主語「東風」二字的述語，也是連帶敍述賓語的「愁」字。本來「吹」字不敍述「愁」字，這裡是順便拈連，因此這例句是主賓拈連。

活用練習：人的憂心忡忡，數不完，道不盡，有時連（　　　）也載不動這些憂愁。

參考答案：人的憂心忡忡，數不完，道不盡，有時連（航空母艦）也載不動這些憂愁。

又如李煜〈相見歡〉詞：

寂寞梧桐深院鎖清秋。

其中「鎖」字，本來是敍述「深院」二字的主語，這裡順勢拈連賓語的「清愁」二字，所以這例句是主賓拈連。

活用練習：（　　　）的門不鎖相思夢，因此太太可以自由自在地罣念夫婿。

參考答案：（閨房）的門不鎖相思夢，因此太太可以自由自在地罣念夫婿。

㈡雙主拈連

所謂雙主拈連，是指在語文中，同用一個述語拈連上下兩句的主語的一種修辭技巧。例如張先〈天仙子〉詞：

午睡醒來愁未醒。

「午睡醒來」、「愁未醒」，是兩個句子。同用一個動詞「醒」字作述語。「午睡」、「愁」，都是主語。由於「醒」字拈連兩個主語，因此這例句是雙主拈連。

活用練習：環境汚染不僅全人類都（　　　　）而且全地球也（　　　　）。

參考答案：環境汚染不僅全人類都（心驚膽顫），而且全地球也（心驚膽顫）。

㈢雙賓拈連

所謂雙賓拈連，是指在語文中，同用一個述語拈連上下兩句的賓語的一種修辭技巧。例如阮章竟〈送別〉：

天寒熱淚也凍成冰，凍不住心頭的愛和恨。

其中「凍」字，是動詞，作述語。「冰」、「心頭的愛和恨」，都是賓語。「凍」字本來敍述「冰」，這裡順勢拈連「心頭的愛和恨」，所以這例句是雙賓拈連。

活用練習：一場傾盆大雨（　　　　）大地的灰塵，但卻（　　　　）我心中的憂愁。

參考答案：一場傾盆大雨（洗掉）大地的灰塵，但卻（洗不掉）我心中的憂愁。

又如胡適〈秘魔崖月夜〉：

山風吹亂了窗紙上的松痕，
吹不散我心頭的人影。

「山風」，是主語。「吹」，是動詞，作述語。「窗紙上的松痕」、「我心頭的人影」，都是賓語。「吹」字，本來是敍述「窗紙上的松痕」，這裡順勢拈連「我心頭的人影」，因此這例句是雙賓拈連。

活用練習：一陣狂風（　　）倒了大樹，但卻（　　）不走我心中的愛。

參考答案：一陣狂風（吹）倒了大樹，但卻（吹）不走我心中的愛。

(四)倒裝拈連

所謂倒裝拈連，是指在語文中，將甲乙兩件事物的次序顛倒的拈連的一種修辭技巧。例如辛棄疾〈滿江紅〉詞：

敲碎離愁，紗窗外風搖翠竹。

全句依一般語序當作「風搖翠竹敲紗窗，敲碎離愁」。「敲」字，是動詞，作述語，本來先敍述紗窗，後敍述離愁；這裡正好相反，先敍述離愁，後敍述紗窗。因此，這例句是倒裝拈連。

活用練習：英勇戰士在沙場上，爲國捐軀，既（　　　　）出熱血，又（　　　　）出子彈。

參考答案：英勇戰士在沙場上，爲國捐軀，既（射）出熱血，又（射）出子彈。

㈤譬喻拈連

所謂譬喻拈連，是指在語文中，拈連的兩件事物是譬喻的喻體和喻依的一種修辭技巧。

例如陳之藩〈失根的蘭花〉：

人生如絮，飄零在此萬紫千紅的春天。

「飄零」二字，是動詞，作述語，本來敘述「絮」字，這裡順便敘述「人生」二字。「人生」，是喻體。「絮」，是喻依。因此，這例句是譬喻拈連。

活用練習：人的生命是有限的，人生如（　　　　），開到終點一定停下來。

參考答案：人的生命是有限的，人生如（火車），開到終點一定停下來。

拈連的運用，不僅描述具體的人、事、物，也闡明抽象的道理；不但表現出感情的邏輯，也表現深刻的理性邏輯。中學國文課文中，雖然運用拈連不多，但在作文上卻可以多多使用，因此本文特別介紹拈連，良有以也。

附註

①臺灣修辭學書多半採用「譬喻」，大陸修辭學書多半採用「比喻」。「取譬」一詞，見於《論語・雍也》；「取喻」一詞，見於陳騤《文則》；「辟（譬）」，見於《墨子・小取》；「比」見於〈詩序〉。俗語說「打比方」。

②譬喻的分類，詳見蔡宗陽〈論譬喻的分類〉，《中國學術年刊》第十三期，頁二六三至二八五，國立臺灣師範大學國文研究所印行。

③黃師慶萱《修辭學》用「喻體」，大陸學者用「本體」，陳望道用「正文」；黃師、大陸學者都用

「喻詞」，陳望道用「譬喻語詞」；黃師用「喻依」，大陸學者用「喻體」，陳望道用「譬喻」。

④「假喻」不是譬喻，既沒有「喻體」，又沒有「喻依」，「好像」、「像」、「若」也不能算是「喻詞」。如「我好像在那兒見過你」。「好像」，表示「未確定」的語氣。又如「我就想，爲什麼立功者偏不居功？像愛因斯坦之於相對論，像我祖母之於我家。」（陳之藩〈謝天〉）「像」，是「舉例說明」的性質。又如「若身體，若居處，若職業，若集會，無不有一自由之程度。」（蔡元培〈自由與放縱〉）「若」，也是「舉例說明」的性質。

⑤參閱陸稼祥、池太寧主編《修辭方式例解詞典》，頁三至四，浙江教育出版社印行，民國七十九年九月初版。

⑥詳見黃師慶萱《修辭學》，頁二八二至二八六，三民書局印行，民國六十四年一月初版。

⑦詳見吳正吉《活用修辭》，頁三〇五至三一〇，復文圖書出版社印行，民國七十三年六月初版。

⑧詳見沈謙《修辭學》，頁四三〇至四三四，國立空中大學印行，民國八十年二月初版。

⑨參閱成偉鈞、唐仲揚、向宏業主編《修辭通鑒》，頁四七八至四七九，中國青年出版社印行，民國八十年六月北京初版。

⑩同⑥；頁二八二。

⑪參閱楊子嬰、孫芳銘、王宜早《文學和語文裡的修辭》，頁三十四，麥克米倫出版有限公司印行，

民國七十六年三月初版。

⑫同⑥，頁二六七至二八〇。

⑬同⑨，頁四七九至四八一。

⑭詳見蔡謀芳《表達的藝術——修辭二十五講》，頁十一至十七，三民書局印行，民國七十九年十二月初版。

⑮參閱陸稼祥、池太寧主編《修辭方式例解詞典》，頁二八八，浙江教育出版社印行，民國七十九年九月初版。

⑯詳見黃師慶萱《修辭學》，頁二九五至三〇一，三民書局印行，民國六十四年一月初版。

⑰同⑯，頁二九〇至二九五。

⑱參閱黃永武《字句鍛鍊法》，頁六十九，洪範書店印行，民國七十五年一月初版。

⑲同⑱，頁七十。

⑳同⑮。

㉑參閱成偉鈞、唐仲揚、向宏業主編《修辭通鑒》，頁四〇九至四一〇，中國青年出版社印行，民國八十年六月北京初版。

㉓陳望道《修辭學發凡》版本甚多，內容稍異。採用「鋪張」一詞，是上海開明書店印行，民國二十一年（一九三二年）四月初、二十九年（一九四〇年）十月九版，頁二〇二；香港大光出版社印

行，民國七十年（一九八一年）一月初版，頁一三一；臺灣文史哲出版社印行，民國七十八年（一九八九年）一月再版，頁一三一。採用「夸張」一詞，是上海人民出版社印行，民國六十五年（一九七六年）七月初版，頁一一五；上海教育出版社印行，民國六十八年（一九七九年）九月新一版，七十一年（一九八二年）四月第三次印刷，頁一二八。

㉔參閱沈謙《文心雕龍與現代修辭學》，益智書局印行，民國七十九年（一九九〇年）六月初版，頁二九四至二九五。

㉕參閱陸稼祥、池太寧主編《修辭方式例解詞典》，頁一二四，浙江教育出版社印行，民國七十九年九月初版。

㉖同㉕，頁一二五。

㉗詳見黃師慶萱《修辭學》，頁二六二至二六六，三民書局印行，民國六十四年一月初版。

㉘詳見沈謙《修辭學》，頁四七五至四七六，國立空中大學印行，民國八十年二月初版。

㉙參閱成偉鈞、唐仲揚、向宏業主編《修辭通鑑》，頁三九四，中國青年出版社印行，民國八十年六月北京初版；及同一二四至一二五。

㉚同㉗，頁二五三至二五九。

㉛詳見蔡謀芳《表達的藝術——修辭二十五講》，頁八十八至九十三，三民書局印行，民國七十九年十二月初版。

㉜同㉕，頁一二五至一三〇。
㉝同㉙，頁三九四至四〇六。
㉞參閱蔡宗陽《陳騤文則新論》，頁二四八，文史哲出版社印行，民國八十二年三月初版。
㉟參閱唐松波、黃建霖主編《漢語修辭格大辭典》，頁一八七，中國國際廣播出版社印行，民國七十八年十二月初版。
㊱參閱陸稼祥、池太寧主編《修辭方式例解詞典》，頁二八三，浙江教育出版社印行，民國七十九年九月初版。
㊲參閱成偉鈞、唐仲揚、向宏業主編《修辭通鑒》，頁四二九，中國青年出版社印行，民國八十年六月北京初版。
㊳參閱黃師慶萱《修辭學》，頁一一四至一一八，三民書局印行，民國六十四年一月初版。
㊴同㉞，頁二六五至二七〇。
㊵同㊱，頁二八四至二八六。
㊶同㊱，頁二八六。
㊷參閱趙克勤《古漢語修辭簡論》，頁六十九，北京商務印書館印行，民國七十二年三月初版。
㊸參閱吳正吉《活用修辭》，頁六十五至六十九，復文圖書出版社印行，民國七十三年六月初版。
㊹參閱蔡宗陽《陳騤文則新論》，頁三五四至三五五，文史哲出版社印行，民國八十二年三月初版。

設問的分類，依內容而言，可以分爲提問、激問、懸問三種。依問數而言，可以分爲一問一答、一問多答、多問一答、多問多答、連問連答、一問不答、多問不答七種。依性質而言，可以分爲啓發性設問、强調性設問、抒情性設問三種。依形式而言，可以分爲以肯定形式表達否定之意、以否定形式表達肯定之意、迭用肯定和否定的形式表達肯定和否定之意、綜合運用肯定和否定的形式四種。依類型而言，可以分爲是非型、選擇型、正反型、特指型四種。依對象而言，可以分爲自我設問、對人設問、借他人設問三種。依位置而言，可以分爲篇首、篇中、篇末三種。限於篇幅，本文僅採用依內容、問數分類，加以詮證。

㊺參閱陳師滿銘《國文教學論叢》，頁一四六，國文天地雜誌社印行，民國八十年七月初版。陳師賞析「提問」的文章，都以「問」、「答」標明，言簡意賅，一目了然。

㊻同㊹。

㊼詳見黃師慶萱《修辭學》，頁三七五至三七七，三民書局印行，民國六十四年一月初版。

㊽詳見沈謙《修辭學》，頁三〇〇至三〇四，國立空中大學印行，民國八十年二月初版。

㊾參閱成偉鈞、唐仲揚、向宏業主編《修辭通鑒》，頁四八六，中國青年出版社印行，民國八十年六月北京初版。

㊿參閱陸稼祥、池太寧主編《修辭方式例解詞典》，頁二一六至二一七，浙江教育出版社印行，民國七十九年九月初版。

㉛同㊾，頁四八六至四九六。

㉜詳見黃師慶萱《修辭學》，頁五十一，三民書局印行，民國六十四年一月初版。

㉝同㉝。

㉞見黎運漢、張維耿《現代漢語修辭學》，頁一一二，商務印書館香港分館印行，民國七十五年八月初版。

㉟參閱陸稼祥、池太寧主編《修辭方式例解詞典》，頁一五八至一五九，浙江教育出版社印行，民國七十九年九月初版。

㊱同㉜，頁六十七至六十九。

㊲鄭發明《用修辭學作文》將摹寫分爲視覺、聽覺、嗅覺、味覺、觸覺、思覺六種。見該書頁一六八，青少年出版社印行，民國六十九年四月初版。思覺的摹寫即心覺的摹寫。

㊳參閱陸稼祥、池太寧主編《修辭方式例解詞典》，頁二五九至二六〇，浙江教育出版社印行，民國七十九年九月初版。

㊴參閱黃師慶萱《修辭學》，頁三五六至三六三，三民書局印行，民國六十四年一月初版。

㊵參閱沈謙《修辭學》，頁三六四至三六五，國立空中大學印行，民國八十年二月初版。

㊶同㊴，頁三四八至三五六。

㊷參閱唐松波，黃建霖主編《漢語修辭格大辭典》，頁五四八至五五三，中國國際廣播出版社印行，

民國七十八年十二月初版。

㊸同㊳，頁二六〇至二六二。

㊹同㊵，頁三一三至三六〇。

㊺參閱成偉鈞、唐仲揚、向宏業主編《修辭通鑒》，頁八五四至八五六，中國青年出版社印行，民國八十年六月北京初版。

㊻參閱成偉鈞、唐仲揚、向宏業主編《修辭通鑒》，頁四四六，中國青年出版社印行，民國八十年六月北京初版。

㊼參閱楊子嬰、孫芳銘、王宜早編著《文學和語文裡的修辭》，頁五十三，麥克米倫出版有限公司印行，民國七十六年三月初版。

㊽同㊻。拈連由本體、拈詞、拈體組成。拈詞，是把兩件事物連接起來的詞，多半是動詞或形容詞。拈體，是由拈詞連接起來組成的新的詞語。

㊾詳見陸稼祥、池太寧主編《修辭方式例解詞典》，頁一六一至一六二，浙江教育出版社印行，民國七十九年九月初版。

㊿同㊾，頁一六二。

(71)詳見蔡謀芳《表達的藝術——修辭二十五講》，頁一六五至一七〇，三民書局印行，民國七十九年十二月初版。

⑦②同⑥⑥，頁四四七至四五一。

第三章　理論與應用篇（下）

第一節　類疊的解說與活用

凡是在語文中，接二連三地反覆使用同一字詞、語句的一種修辭技巧，叫做「類疊」。類疊的作用有七：㈠是增强語勢，渲染氣氛；㈡是通過雙聲疊韻，表達感情；㈢是形象如畫，具體生動；㈣是同聲同韻，具有音樂美；㈤是可以突出重點，强調重點；㈥是可以增强敍述的條理性與生動性；㈦是可以增添旋律美，加强節奏感。①

類疊的內容有字詞的類疊、語句的類疊，類疊的表達方式有連接的類疊、隔離的類疊。類疊的種類，依黃師慶萱《修辭學》可分爲疊字、類字、疊句、類句四種。

㈠疊字

黃師慶萱所謂的「疊字」，是同一字詞的連續使用，即陳望道《修辭學發凡》所說「複疊」中的「疊字」，也就是董季棠《修辭析論》所稱「字的連接複疊」。黃師慶萱認爲名詞的疊字，表示事物的衆多和時間的延續；指稱詞的疊字，表示强調的作用；動詞的疊字，表示動作的進行；形容詞、限制詞的疊字，表示委婉表達事物情狀。②疊字的例子甚多，茲舉數例闡述之。例如陳之藩〈失根的蘭花〉：

由於這些花，我自然而然地想起北平公園裡的花花朵朵，與這些簡直沒有兩樣。

其中「花花朵朵」，不是一花一朵，而是形容花朵衆多。重疊使用「花」、「朵」二字，「花」、「朵」又是名詞，因此這例句是名詞的疊字。

活用練習㈠：春天到郊外踏青，可以看到（　　　　）十分明秀，使人心曠神怡，留連忘返。

參考答案：春天到郊外踏青，可以看到（山山水水）十分明秀，使人心曠神怡，流連忘返。

（此例表示事物的眾多。）

活用練習㈡：民族英雄的事蹟可以（　　　　）相傳，供後人效法。

參考答案：民族英雄的事蹟可以（世世代代）相傳，供後人效法。

（此例表示時間的延續。）

又如蘇進強〈楊挑樹〉：

「走走走，我們走，小文、小武乖。」蠻橫地硬推著拉著母子三人離開攤子。

連續使用三個「走」字，「走」字又是動詞，因此屬於動詞的疊字，表示「走」的動作。

活用練習㈠：貪吃的人每天（　　　　），不怕漲破肚皮。

參考答案：貪吃的人每天（吃吃喝喝），不怕漲破肚皮。

活用練習㈡：悠閒的人經常（　　　　）唱片，（　　　　）電視，（　　　　）花，（　　　　）棋，跟知心朋友（　　　　）天，（　　　　）球，過著自由自在的生活。

參考答案：悠閒的人經常（**聽聽**）唱片，（**看看**）電視，（**種種**）花，（**下下**）棋，跟知心朋友（**聊聊**）天，（**打打**）球，過著自由自在的生活。

又如潘希珍〈故鄉的桂花雨〉：

桂花樹不像梅花那麼有姿態，笨笨拙拙的，不開花時，只是滿樹茂密的葉子。

連續使用「笨」、「拙」二字，「笨」、「拙」又是形容詞，因此屬於形容詞的疊字，表示桂花樹的情狀。

活用練習㈠：這位摩登女郎，（　　）的秀髮，（　　）的臉龐，身穿（　　）的衣裳。

參考答案：這位摩登女郎，（長長）的秀髮，（圓圓）的臉龐，身穿（漂漂亮亮）的衣裳。

活用練習㈡：梅雨季節經常路上溼（　　）的，天氣冷（　　）的，天色灰（

）的，令人怪難過的。

參考答案：梅雨季節經常路上溼（漉漉）的，天氣冷（淒淒）的，天色灰（暗暗）的，令人怪難過的。

又如胡適〈差不多先生傳〉：

他一面說，一面慢慢地走回家。

連續使用「慢」字，「慢」字又是限制詞，形容「走」，因此這例句屬於限制詞的疊字。

活用練習(一)：上課遲到的同學（　　）地跑進教室。

參考答案：上課遲到的同學（急急忙忙）地跑進教室。

活用練習(二)：宵小之徒（　　）地走進富貴人家，竊取財物。

參考答案：宵小之徒（偷偷）地走進富貴人家，竊取財物。

㈡類字

黃師慶萱所謂的「類字」，是同一字詞的間隔使用，即陳氏所說的「複疊」中的「複辭」，也就是董氏所稱「字的隔離複疊」。黃師慶萱認爲類字的目的，是試圖用一連串有規則重複出現的詞語，或似「移山倒海」，造成語文雄偉壯闊的氣勢；或似「春蠶吐絲」，造成語文連綿不絕的感覺；或似「驚鴻數現」，造成語文輕快空靈的節奏；使文義更加明暢，感受格外深切。③正如陳騤《文則・庚一》所說：「文有數句用一類字，所以壯文勢，廣文義也，然皆有法。」類字也不乏其例，例如陸游〈暮春〉：

燕去燕來還過日，花開花落即經春。

間隔使用「燕」、「花」字，「燕」、「花」又是名詞，因此屬於名詞的「類字」。

活用練習㈠：吃飯要定（　　　　）,乘車要及（　　　　）,上課要準（　　　　）,約會要守（　　　　）,這是成功的秘訣。

參考答案：吃飯要定（時），乘車要及（時），上課要準（時），約會要守（時），這是成功的秘訣。

活用練習㈡：作文不但要有（　　　　）,而且必須強勁有力的（　　　　）。

參考答案：作文不但要有（結尾）,而且必須強勁有力的（結尾）。

又如徐志摩〈翡冷翠山居閒話〉：

你愛穿什麼就穿什麼；扮一個牧童，扮一個漁翁，裝一個農夫，裝一個走江湖的桀卜閃，裝一個獵戶。

間隔使用兩個「穿」、「扮」，三個「裝」字，「穿」、「扮」、「裝」又是動詞，因此屬於動詞的「類字」。

活用練習㈠：好國民要做到（　　　　）分、（　　　　）法、（　　　　）信、（　　　　）時、（　　　　）密。

參考答案：好國民要做到（守）分、（守）法、（守）信、（守）時、（守）密。

活用練習㈡：（　　　　）祖父母，才（　　　　）父母；（　　　　）父母；才（　　　　）我們；數典不能忘祖，飲水必須思源。

參考答案：（有）祖父母，才（有）父母；（有）父母，才（有）我們；數典不能忘祖，飲水必須思源。

又如李文炤〈儉訓〉：

一飯十金，一衣百金，一室千金，奈何不至貧且匱也？

間隔使用「一」字三次，「一」字是形容詞，因此屬於形容詞「類字」。

活用練習㈠：（　）不爲非作歹的人，絕不是（　）違法亂紀的人，眞是（　）好國民。

參考答案：（一個）不爲非作歹的人，絕不是（一個）違法亂紀的人，眞是（一個）好國民。

活用練習㈡：（　）位天眞活潑的小朋友，提著（　）個小小的茶壺，牽著（　）隻可愛的小狗，在公園裡踱來踱去。

參考答案：（一）位天眞活潑的小朋友，提著（一）個小小的茶壺，牽著（一）隻可愛的小狗，在公園裡蹽來蹽去。

又如潘公弼〈報紙的言論〉：

> 或知其為問題，而不能理解其內蘊，不能判斷其是非，不能察知民意向背，不能供給解決方案。

間隔使用「不能」四次，「不能」修飾「理解」、「判斷」、「察知」、「供給」，是限制詞，因此屬於限制詞的「類字」。

活用練習㈠：一個內向的人，經常（　　）看看藍天白雲，（　　）翻翻喜愛的書刊，（　　）聽聽美妙的音樂。

參考答案：一個內向的人，經常（沈默地）看看藍天白雲，（沈默地）翻翻喜愛的書刊，（沈默地）聽聽美妙的音樂。

活用練習㈡：一個不務正業的人，（　　）逛街，（　　）看電影，（　　）吃館子，（　　）跟別人吵架，甚至於打架。

參考答案：一個不務正業的人，（經常地）逛街，（經常地）看電影，（經常地）吃館子，（經常地）跟別人吵架，甚至於打架。

又如蘇梅〈禿的梧桐〉：

螞蟻又來了，風又起了，好不容易長得掌大的葉兒又飄去了。

間隔使用「又」字三次，「又」字是關係詞，因此這例句屬於關係詞的「類字」。

活用練習㈠：品學兼優的人，不僅用功讀書，待人（　　）彬彬有禮，做事（　　）認眞，運動（　　）棒。

參考答案：品學兼優的人，不僅用功讀書，待人（又）彬彬有禮，做事（又）認眞，運動（又）棒。

活用練習㈡：春天一來，可以看到鳥兒（　　）唱歌，蝴蝶（　　）飛舞，小草（　　）抽芽，陽光（　　）照射，白雲（　　）飄動。

參考答案：春天一來，可以看到鳥兒（在）唱歌，蝴蝶（在）飛舞，小草（在）抽芽，陽光（在）照射，白雲（在）飄動。

㈢疊句

黃師慶萱所謂的「疊句」，是同一語句的連續使用，即陳氏所說的「連接的反覆」，也就是董氏所稱「句的連接複疊」。黃師慶萱以為人在事物有熱烈深切的感觸時，往往不免一而再，再而三地反覆申說，因此疊句必須以「於事物有熱烈深切的感觸」為前提。④疊句的例子，例如邵僩〈汗水的啓示〉：

我們在孩提時，一旦跌倒受傷，驚慌而倉惶的父親會抱著我們去醫院；那粒粒焦灼的汗水往下滴，與子女的淚水交溶在一起，而父親卻渾然無所覺，只是安慰地說：「不要哭，不要哭；一會兒就不痛了。」

重複使用「不要哭」兩次，表示加強作用，屬於「疊句」。這是敍述子女受傷，父親安慰子女的情形。

活用練習㈠：（　　　），（　　　）；從今天起，用功讀書，下次考試一定會及格。

參考答案：（不要難過），（不要難過）；從今天起，用功讀書，下次考試一定會及格。

活用練習(二)：（　　　），（　　　）；挫折是一種成長，假如肯努力，必定可以到達成功的彼岸。

參考答案：（不要傷心），（不要傷心）；挫折是一種成長，假如肯努力，必定可以到達成功的彼岸。

又如朱企霞〈孤雁〉：

孤雁慌忙地拍拍翅膀飛到空中，卻還是急急地在拼命叫喚著：「嘎嘎！醒醒吧！醒醒吧！嘎嘎！」

「嘎嘎」，是孤雁的叫聲；「醒醒吧」，是孤雁叫喚同伴，警告同伴；「醒醒吧！醒醒吧！」是呼告的「類句」。

活用練習(一)：（　　　）！（　　　）！只要默默地辛勤耕耘，必有意外的歡呼收穫。

參考答案：（努力呀）！（努力呀）！只要默默地辛勤耕耘，必有意外的歡呼收穫。

活用練習(二)：（　　）！（　　）！不半途而廢，一定可以到達目的地。

參考答案：（快點划）！（快點划）！不半途而廢，一定可以到達目的地。

又如梁啓超〈論進取冒險〉：

> 嗚呼！一國之大，有女德而無男德，有病者而無健者，有暮氣而無朝氣，甚者乃至有鬼道而無人道。恫哉！恫哉！吾不知國之何以立也？

「恫哉！恫哉！」是感歎的「疊句」。作者鑒於一國之大，「有女德而無男德，有病者而無健者，有暮氣而無朝氣，甚者乃至有鬼道而無人道」，而發出感歎。

活用練習(一)：貧窮人家一、二十年來未曾吃過一塊肉，（　　）！（　　）！

參考答案：貧窮人家一、二十年來未曾吃過一塊肉，（真是可憐啊）！（真是可憐啊）！

活用練習㈡：「生於憂患，死於安樂」，一個國家居安不思危，很容易滅亡，（　　）？（　　）？

參考答案：「生於憂患，死於安樂」，一個國家居安不思危，很容易滅亡，（能夠不警惕嗎）？（能夠不警惕嗎）？

又如《論語・爲政》：

子曰：「視其所以，觀其所由，察其所安，人焉廋哉？人焉廋哉？」

「視其所以，觀其所由，察其所安」，就形式而言，是排比；就內容而言，是層遞。「人焉廋哉？人焉廋哉」，是設問的「疊句」。

活用練習㈠：父母養育我們，其恩惠如山高水深，（　　）？（　　）？

參考答案：父母養育我們，其恩惠如山高水深，（我們能不孝敬父母嗎）？（我們能不孝敬父母嗎）？

活用練習㈡：凡事不要畏懼，不要疑惑，只要肯勇往邁進，（　　）？（

）？

參考答案：凡事不要畏懼，不要疑惑，只要肯勇往邁進，（會不成功嗎）？（會不成功嗎）？

㈣類句

黃師慶萱所謂的「類句」，是同一語句的間隔使用，即陳氏所說的「隔離的反覆」，也就是董氏所稱「句的隔離複疊」。類句的種類，有首尾類句、開頭類句、結尾類句、文中類句四種。

文章首句、末句重複使用同一語句，叫做首尾類句。首尾類句有很多，例如《論語・雍也》：

> 子曰：「賢哉！回也。一簞食，一瓢飲，在陋室，人不堪其憂，回也不改其樂。賢哉！回也。」

孔子讚美顏回能安貧樂道。重複使用「賢哉！回也」，在文章首尾，表示加强語氣，使文章前後呼應別饒情味。

活用練習㈠：（　　　）。臺灣人民安居樂業，豐衣足食。（　　　）。

參考答案：（美哉！臺灣）。臺灣人民安居樂業，豐衣足食。（美哉！臺灣）。

活用練習㈡：（　　、　）。周末到郊外，遊山玩水，心曠神怡，流連忘返。（　　　）

參考答案：（樂哉！遊也）。周末到郊外，遊山玩水，心曠神怡，流連忘返。（樂哉！遊也）。

文章各段開頭重複使用同一語句，叫做開頭類句。開頭類句，也不乏其例，例如《詩經・桃夭》：

桃之夭夭，灼灼其華；之子于歸，宜其室家。
桃之夭夭，有蕡其實；之子于歸，宜其家室。
桃之夭夭，有葉蓁蓁；之子于歸，宜其家人。

這是祝賀女子出嫁的詩歌。用「桃花、桃子、桃葉」的茂盛、豐碩、豔麗，來形容女子漂亮的容貌，嫁後使夫家興旺。全詩分三章，每章首句用「桃之夭夭」，第三句用「之子于歸」。重複使用「桃子夭夭」，又是每章開頭，因此屬於「開頭類句」。重複使用「之子于歸」，又是在每章之中，所以屬於「文中類句」。「文中類句」比較多見，例如：

又如佚名〈木蘭辭〉：

朝辭爺孃去，暮宿黃河邊；不聞爺孃喚女聲，但聞黃河流水鳴濺濺。旦辭黃河去，暮至黑山頭；不聞爺孃喚女聲，但聞燕山胡騎聲啾啾。

花木蘭代父從軍，仍然念念不忘父母，此情此景，躍然於字裡行間。反覆使用「不聞爺孃喚女聲」，既表示加强調語氣，又顯示不忘父母之情。由於「不聞爺孃喚女聲」，是在句中，因此屬於「文中類句」。

文章各段結尾反覆運用同一語句，叫做結尾類句。結尾類句也不少，例如《哈薩克族民歌選・我的花朵》：

你的名字是那樣親切，

你像春天盛開的花朵；
親愛的姑娘我的花朵，
你的眼睛迸發著情火。

你的名字是綠色的湖泊，
我是游弋湖面的天鵝；
親愛的姑娘我的花朵，
你的眼睛迸發著情火。

你的名字是那樣甜潤，
你的性格像酥油柔和；
親愛的姑娘我的花朵，
你的眼睛迸發著情火。

我們雖然相識不算久，
你照人的光彩投進我的心窩；

親愛的姑娘我的花朵，
你的眼睛迸發著情火。⑤

這一首哈薩克族的情歌，將「姑娘」比方作「花朵」，描述姑娘的名字、性格、光彩、眼睛，令人思慕。在每段末了，重複運用「親愛的姑娘我的花朵，／你的眼睛迸發著情火」，使文章更有韻味。由於「親愛的姑娘我的花朵，／你的眼睛迸發著情火」，是在每段結尾，因此屬於「結尾類句」。

第二節　對偶的解說與活用

凡是在語文中，同一句中的上下兩個短語及上下兩個、四個、六個或六個以上短句中的奇句與偶句，字數相等、句法相似、詞性相同、平仄相對的一種修辭技巧，叫做對偶。對偶又叫對仗，也稱爲駢麗、麗辭，也叫對子，⑥又稱爲儷辭。⑦對偶的產生，揆其主因，不外乎有六端：㈠是受自然界事物奇偶相對的啓發，㈡是觀念聯合的作用，㈢是社會及時代的需要，㈣是文章本身的需要，㈤是人類愛美的心理，㈥是中國語文的恩賜⑧。

對偶的作用有三：㈠是具有形式美。㈡是在具體作品中，對偶句往往以整齊的形式和其他句式結合，使語言參差錯落，生動活潑。㈢是借用特殊的形式把相對的兩部分內容更凝煉、更集中地表現出來，以突出事物的矛盾和有機聯繫。⑨對偶的原則有三點：㈠是工整，㈡是自然，㈢是意遠。⑩對偶的分類，或以限制分，或以句型，或以文體分，或以結構分，或以形式分，或以內容分，或以詞性分，有些名異實同，但一言以蔽之，不外乎分爲形式和內容。⑪

㈠就形式分類

對偶的分類，依形式而言，可以分爲當句對、單句對、隔句對、長偶對四種。

1、當句對：

凡是在語文中，同一句中，上下兩個短語，互相對偶，叫做當句對，又叫句中對。這類對偶在中學國文課文甚多，例如張曉風〈行道樹〉：

> **當夜來的時候，整個城市裡都是繁絃急管，都是紅燈綠酒。**

「繁絃急管」、「紅燈綠酒」，都是「當句對」。「繁」對「急」，不止是平對仄，也是詞性相對，都是形容詞。「絃」對「管」，不僅是平對仄，也是詞性相對，都是名詞。「紅」

對「綠」，不但是平對仄，也是詞性相對，都是形容詞。「燈」對「酒」，既是平對仄，又是詞性相對，都是名詞。

活用練習(一)：今年縣市長選舉，選民應該本著（　　　　）的態度，投下神聖的一票。

參考答案：今年縣市長選舉，選民應該本著（「選賢與能」）的態度，投下神聖的一票。（「選賢」對「與能」。）

活用練習(二)：星期天父母經常帶著小孩到郊外玩，以欣賞（　　　　）的美景。

參考答案：星期天父母經常帶著小孩到郊外遊玩，以欣賞（山明水秀）的美景。（「山明」對「水秀」。）

又如：

人對自己的身體健康雖不必時時膽戰心驚，疑神疑鬼，也不可「恃強拒補」，妄充硬漢。

「膽戰心驚」，是「當句對」。「膽」對「心」，不僅是仄對平，也是詞性相對，都是名詞。「戰」對「驚」，既是仄對平，又是詞性相對，都是形容詞。

活用練習㈠：生活有規律，吃飯定時定量，天天運動，一定可以（　　　　）。

參考答案：生活有規律，吃飯定時定量，天天運動，一定可以（延年益壽）。（「延年」對「益壽」。）

活用練習㈡：夏天到海濱游泳的人特別多，因爲夏天的海水多半是（　　　　）。

參考答案：夏天到海濱游泳的人特別多，因爲夏天的海水多半是（風平浪靜）。（「風平」對「浪靜」。）

2、單句對：

凡是在語文中，上下兩句，字數相等，詞性相同，平仄相對，叫做單句對，又叫單對。例如王之渙〈登鸛鵲樓〉：

白日依山盡，黃河入海流。
欲窮千里目，更上一層樓。

「白日依山盡，黃河入海流。」「欲窮千里目，更上一層樓。」都是「單句對」。「白日」對「黃河」，「依」對「入」，「山」對「海」，「盡」對「流」。「欲」對「更」，「窮」對「上」，「千里目」對「一層樓」。

活用練習：父母的恩惠，如（　　　）。似（　　　）。

參考答案：父母的恩惠，如（山高），似（海深）。

（「如山高」對「似海深」。）

又如孫文〈黃花岡烈士事略序〉：

草木為之含悲，風雲因而變色。

「草木」對「風雲」，「爲之」對「因而」，「含」對「變」，「悲」對「色」，這也是「單句對」。

活用練習：時間過得眞快，一年又將消逝，眞是（　　　）似箭，（　　　）如梭。

參考答案：時間過得眞快，一年又將消逝，眞是（光陰）似箭，（日月）如梭。

（「光陰似箭」對「日月如梭」。）

3、隔句對：

凡是在語文中，第一句對第三句，第二句對第四句，叫做隔句對，又叫扇對，也叫偶對。例如于右任〈題中央圖書館〉：

　　文化五千年，滙羣流而歸大海；圖史十萬冊，開寶藏以利後人。

「文化五千年」對「圖史十萬冊」，「滙羣流而歸大海」對「開寶藏以利後人」，這是「隔句對」。

又如對聯：

　　大肚能容，了卻人間多少事；
　　滿腔歡喜，笑開天下古今愁。

「大肚能容」對「滿腔歡喜」，「了卻人間多少事」對「笑開天下古今愁」，這也是「隔句對」。

4、長偶對：

凡是在語文中，奇句與奇句相對，偶句與偶句相對，叫做長偶對，又叫長對。例如顧憲成〈無錫東林書院楹聯〉：

風聲、雨聲、讀書聲，聲聲入耳；
家事、國事、天下事，事事關心。

「風聲」對「家事」，「雨聲」對「國事」，「讀書聲」對「天下事」，「聲聲入耳」對「事事關心」，這是「長偶對」。又如高雄佛光山山門聯：

門稱不二，二不二，俱是自家真面目；
山為靈山，山非山，無非我人清淨身。

「門稱不二」對「山爲靈山」，「二不二」對「山非山」，「俱是自家眞面目」對「無非我人清淨身」，這也是「長偶對」。

㈡就內容分類

對偶的分類，依內容而言，比較常見的，可以分為顏色對、數目對、方位對、人名對四種。

1、顏色對：

凡是在語文中，含有顏色的對偶，叫做顏色對，又叫彩色對。例如，崔顥〈黃鶴樓〉

黃鶴一去不復返，
白雲千載空悠悠。

「黃鶴」對「白雲」，「黃」對「白」是「顏色對」。

活用練習：春天一來，百花齊放，到處都是（　　　　）。

參考答案：春天一來，百花齊放，到處都是（紅花綠葉）。
（「紅花」對「綠葉」，「紅」對「綠」是顏色對。）

又如白樸〈沈醉東風・漁父詞〉：

黃蘆岸白蘋渡口，
綠楊堤紅蓼灘頭。

「黃」對「綠」、「白」對「紅」，都是「顏色對」。

活用練習：春天到郊外踏青，觀賞（　　），可以使人心曠神怡。

參考答案：春天到郊外踏青，觀賞（青山綠水），可以使人心曠神怡。

（「青山」對「綠水」，「青」對「綠」是「顏色對」。）

2、數目對：

凡是在語文中，含有數目的對偶，叫做數目對。例如，孟浩然〈宿桐廬江寄廣陵舊遊〉

風鳴兩岸葉，
月照一孤舟。

「風鳴」對「月照」，「兩岸葉」對「一孤舟」，這是「單句對」。「兩」對「一」，屬於「數目對」。

活用練習：做事要專心一致，切忌（　　　　）。

參考答案：做事要專心一致，切忌（三心兩意）。

（「三心」對「兩意」，「三」對「兩」是「數目對」。）

又如李白〈登金陵鳳凰臺〉：

三山半落青天外，
二水中分白鷺洲。

「三山」對「二水」，「三」對「二」是「數目對」。

活用練習：星期假日到風景區遊玩，時常可以看到（　　　　）的美景。

參考答案：星期假日到風景區遊玩，時常可以看到（千山萬水）的美景。

（「千山」對「萬水」，「千」對「萬」是數目對。）

3、方位對：

凡是在語文中，含有方位的對偶，叫做方位對。例如張可久〈水仙子・春晚〉：

西山暮雨暗蒼煙，
南浦春風艤畫船。

「西山」對「南浦」，「西」對「南」是「方位對」。

活用練習：知心朋友聚會，多半是（　　　　）的聊天。

參考答案：知心朋友聚會，多半是（天南地北）的聊天。

（「天南」對「地北」，「南」對「北」是「方位對」。）

又如婁良樂〈師大校慶頌詞〉：

晨鐘一響，聲動南天，
學子三千，歡騰北地。

「南天」對「北地」，「南」對「北」是「方位對」。

活用練習：所謂芳鄰，就是（　　　　）和睦相處。

參考答案：所謂芳鄰，就是（左鄰右舍）和睦相處。
（「左鄰」對「右舍」，「左」對「右」是「方位對」。）

4、人名對：

凡是在語文中，含有人名的對偶，叫做人名對。例如，劉禹錫〈陋室銘〉

南陽諸葛廬，西蜀子雲亭。

「南陽」對「西蜀」，屬於「地名對」。「諸葛」對「子雲」則是「人名對」。
又如，蕭統〈林鍾六月啓〉

披莊子之七篇，逍遙物外；玩老氏之兩卷，恍惚懷中。

「莊子」對「老氏」，也是「人名對」。
「人名對」還有很多，像曹丕〈與吳質書〉：「伯牙絕弦於鍾期，仲尼覆醢於子路。」
「伯牙」對「仲尼」，「鍾期」對「子路」，都是「人名對」。又像駱賓王〈爲武后臨朝移諸郡縣檄〉：「宋微子之興悲，良有以也；袁君山之流涕，豈徒然哉？」「宋微子」對「袁君山」，也是「人名對」。又像洪亮吉〈冬青樹樂府序〉：「效包胥之慟哭，慷慨登臺；賦宋玉之大招，旁皇生祭。」「包胥」對「宋玉」，也是「人名對」。

對偶的種類甚多，本文僅舉犖犖大者，加以詮證。活用練習部分以中學生能力爲原則，因此有些地方並沒有活用練習，國文教師可以參酌運用。

第三節　排比的解說與活用

凡是在語文中，同一範圍、同一性質的意象，用結構相似的句法來表達的一種修辭技巧，叫做排比，又叫排語、排迭。

排比與對偶的不同，陳望道認爲：㈠對偶必須字數相等，排比不拘；㈡對偶必須兩兩相對，排比不拘；㈢對偶力避字同意詞，排比卻以字同意同爲經常狀況。⑫黎運漢、張維耿則以爲：㈠對偶是事物對立對應關係的反映，排比是同一範圍事物的列舉。㈡對偶限於兩個對句，排比的句數則不受限制。㈢對偶的兩個對句意思互相對應，字數大體相等；而排比祇須句子結構相同或相似就可以了，字數不必相對。㈣對偶的兩個對句避免相同的字，組成排比的各句，則常出現相同的字。⑬成偉鈞、唐仲揚、向宏業卻認爲：㈠排比是三項或三項以上的排比；對偶是兩項的對稱。㈡排比不限字數相等；對偶則要求上下兩聯的字數相等。㈢排比中常含有反覆的語詞；對偶中則力求避免出現同字現象。⑭以上各家說法，各有特色。至於排比與類疊的不同，黃師慶萱認爲：「類疊是一種意象有秩序、有規律地反覆發生，其秩序或爲重疊的，或爲反覆的。排比卻是數種意象有秩序、有規律地連接發生，其秩序或爲交替的，或爲流動的。類疊在美學上，基於劃一中的多數；而排比卻基於多樣的統一與共相的分化。」⑮

排比的作用，張先亮認爲：㈠排比句結構整齊勻稱，音律鏗鏘，使語言具有節奏感和音樂美。㈡在議論、說明文中，排比可以使論點闡發得更嚴密、更透徹，使條理更清楚。㈢排比可以抒發强烈的感情，增强文章的氣勢或感染力。⑯成偉鈞、唐仲揚、向宏業則以爲排比具有四種作用：㈠結構緊湊。㈡加强語勢。㈢語意周全。㈣重點突出。⑰排比的原則，黃師慶萱認爲有三項：㈠恰當地配合各種的內容。㈡鮮明地表現多樣的統一。㈢具體地表達共相的分化。⑱

排比的種類，衆說紛紜，各有千秋。楊鴻銘〈周敦頤愛蓮說排比論〉將排比分爲整齊排比、錯落排比、側重排比、拓境排比、駢散排比等五種。⑲張先亮則從結構上，將排比分爲短語排比、分句排比、句子排比、段落排比四種。⑳成偉鈞、唐仲揚、向宏業主編《修辭通鑑》卻將排比分爲聯合組詞排比、偏正詞組排比、主謂詞組排比、動賓詞組排比、介賓詞組排比、後補詞組排比、同位詞組排比、固定詞組排比、單句排比、複句排比、段落排比、詩歌中運用排比、散文中運用排比、小說中運用排比、戲曲中運用排比、排比用於敍述、排比用於描寫、排比用於抒情、排比用於議論等十九種。㉑筆者〈《道德經》的排比修辭法〉將排比分爲平列排比法、層進排比法、參差排比法、短語排比法、長句排比法、反句排比法、平列兼參差排比法、長句兼參差排比法等八種。㉒因限於篇幅，本文僅闡析參差排比、短語排比、反句排比、平列排比、長句排比等五種。

(一)參差排比

凡是在語文中，將原有整齊的字句，錯雜排列，或故意使字句長短不一，這樣一方面可以增美文辭，另一方面可以調節辭氣的一種修辭技巧，叫做參差排比。例如蔣中正〈我們的校訓〉：

> 我們在學校裡，一定要尊敬師長，要聽先生的話，要守學校的規矩；對於同學，要彼此相親相愛，不可吵鬧打架。

「要尊敬師長，要聽先生的話，要守學校的規矩」，是三句參差不整齊而形式相似的排比。

作者認爲學生不但要尊敬老師，服從老師，也要遵守校規。

活用練習(一)：在學校裡，我們應該多（　　　），多（　　　），多（　　　）。

參考答案：在學校裡，我們應該多（認識同學），多（跟同學聊天），多（了解他們的長處）。

活用練習(二)：交友不僅可以（　　　），也可以（　　　），更可以（　　　）。

參考答案：交友不僅可以（增廣見聞），也可以（擴充生活經驗），更可以（互相切磋學問，解決疑難問題）。

又如楊喚〈夏夜〉：

蝴蝶和蜜蜂帶著花朵的蜜糖回家了，
羊隊和牛羣告別了田野回家了，
火紅的太陽也滾著火輪子回家了，
當街燈亮起來向村莊道過晚安，
夜就輕輕地來了。

「蝴蝶和蜜蜂帶著花朵的蜜糖回家了，羊隊和牛羣告別了田野回家了，火紅的太陽也滾著火輪子回家了，當街燈亮起來向村莊道過晚安」，是四句參差不整齊而句型相似的排比。作者描述蝴蝶、蜜蜂、羊隊、牛羣回家以及太陽下山、街燈亮起來，來說明夏夜的來臨。

活用練習㈠：春天一到，山（　　）起來了，水（　　）起來了，太陽的臉也（　　）起來了。

參考答案：春天一到，山（朗潤）起來了，水（長）起來了，太陽的臉（紅）起來了。

活用練習㈡：春天百花盛開，紅的好像（　　），粉的似（　　），白的如（　　）。

參考答案：春天百花盛開，紅的好像（聖火），粉的似（彩霞），白的如（雪）。

㈡短語排比

凡是在語文中，用結構相似，性質相同的短語，上下排比，使聲勢壯大，文義推廣的一種修辭技巧，叫做短語排比。例如蔣中正〈我們的校訓〉：

所有用的、吃的、穿的東西，以及住的地方，都要弄得乾乾淨淨，不可腌臢污穢。

「用的、吃的、穿的」，是三句短語的排比。作者認爲用的東西、吃的東西、穿的東西，都必須弄得一乾二淨，以免不整潔影響身心健康。

活用練習㈠：（　　）的、（　　）的、（　　）的、（　　）的國家，人民才能安居樂業，豐衣足食。

參考答案：（自由）的、（民主）的、（平等）的、（均富）的國家，人民才能安居樂業，豐衣足食。

活用練習㈡：我們要維護中華文化的優良傳統，必須求（　　）、求（　　）、求（　　）。

參考答案：我們要維護中華文化的優良傳統，必須求（新）、求（行）、求（本）。

又如蔣經國〈寫給青年們的一封信〉：

青年們所要創造的時代，也不祇是一個不虞匱乏、不虞恐怖、不虞失落的安身立命的

時代，而是要創造一個復國的、統一的、建設的、勝利的、光芒四射、充滿希望的大時代！

「不虞匱乏、不虞恐怖、不虞失落」，是三個短語的排比。「復國的、統一的、建設的、勝利的、光芒四射、充滿希望」，是六個短語的排比。作者認爲青年所要創造的時代，不僅是不虞匱乏、恐怖、失落的時代，也是復國建國、充滿希望的時代。

活用練習㈠：年輕人要有（　　）、有（　　）、有（　　）、有（　　）、有（　　），才能成就（　　）的、（　　）的、（　　）的大事業。

參考答案：年輕人要有（活力）、有（朝氣）、有（幹勁）、有（衝勁）、有（恆心），才能成就（非凡）的、（偉大）的、（難得）的大事業。

活用練習㈡：我們在（　　）上、（　　）上、（　　）上，個個自覺自勵，才能成爲光明磊落的一代，而不是失落的一代。

參考答案：我們在（精神）上、（思想）上、（生活）上，個個自覺自勵，才能成爲光明磊落的一代，而不是失落的一代。

㈢反句排比

凡是在語文中，用結構相似，意義相反的句子，上下排比的一種修辭技巧，叫做反句排比。例如諸葛亮〈出師表〉：

親賢臣，遠小人，此先漢所以興隆也；親小人，遠賢臣，此後漢所以傾頹也。

「親」與「遠」、「賢臣」與「小人」、「先漢」與「後漢」、「興隆」與「傾頹」，都是正反對比，因此全句屬於反句排比。作者認爲國君親近賢臣，遠離小人，國家必然興盛；若親近小人，遠離賢臣，國家一定衰亡。

活用練習㈠：爲生活而生活，生活便（　　　）；爲生活而工作，生活便（　　　）。

參考答案：爲生活而生活，生活便（有趣）；爲生活而工作，生活便（無趣）。

活用練習㈡：爲（　　　）而學問，學問便有趣；爲（　　　）而學問，學問便無趣。

參考答案：爲（學問）而學問，學問便有趣；爲（分數）而學問，學問便無趣。

又如司馬光〈訓儉示康〉：

君子多欲，則貪慕富貴，枉道速禍；小人多欲，則多求妄用，敗家喪身。

作者闡述君子、小人多欲，各有不同的害處。「君子」、「小人」，是正反對比，所以全句屬於反句排比。

活用練習㈠：（　　　）見利思義，（　　　）見利忘義。

參考答案：（君子）見利思義，（小人）見利忘義。

活用練習㈡：（　　　）寡欲，就能淡泊名利，奉公守法，潔身自愛，不受物質慾望的影響；（　　　）寡欲，就能謹身節用，遠罪豐家，不爲非作歹，違法亂紀。

參考答案：（君子）寡欲，就能淡泊名利，奉公守法，潔身自愛，不受物質慾望的影響；（小人）寡欲，就能謹身節用，遠罪豐家，不爲非作歹，違法亂紀。

活用練習㈢：天下沒有難如登天的事，只要（　　　）,即使困難的事也會變成很容易；但若（　　　），即使容易的事也會變成很困難。

參考答案：天下沒有難如登天的事，只要（肯做），即使困難的事也會變成很容易；但若（不肯做），即使容易的事也會變成很困難。

㈣平列排比

凡是在語文中，將同一性質和範圍的現象，用結構相似的句法，逐項表達出來的一種修辭技巧。例如鄭蘋〈成功〉：

「合抱之木，生於毫末；九層之臺，起於累土；千里之行，始於足下。」只要我們今天比昨天更努力，更有進步，每天都能有新的展望，新的挑戰，縱然只是小小的成果，也會帶來充實、愉悅的感覺。

「合抱之木，生於毫末；九層之臺，起於累土；千里之行，始於足下。」出自《老子》第六十四章。這是三個分句構成的平列排比。作者暗用《老子》的話，來闡明每天努力，每天就有進步，也會有成果。

活用練習：研讀（　　　），才知道學問浩如煙海；登上（　　　），才明白天空多麼的高；走到（　　　），才清楚土地多麼的厚。

參考答案：研讀（古書），才知道學問浩如煙海，登上（高山），才明白天空多麼的高；走到（海濱），才清楚土地多麼的厚。

又如《墨子．兼愛》：

子自愛，不愛父，故虧父而自利；弟自愛，不愛兄，故虧兄而自利；臣自愛，不愛君，故虧君而自利：此所謂亂也。

「子自愛，不愛父，故虧父而自利；弟自愛，不愛兄，故虧兄而自利；臣自愛，不愛君，故虧君而自利。」這是三個分句排列整齊而構成的平列排比。作者認為天下紊亂的原因，在於子女不孝順父母，弟弟不恭敬哥哥，臣子不忠愛國君，而只顧自己的利益。

活用練習：賭博有趣味嗎？（　　　），就沒有趣味；喝酒有趣味嗎？（　　　），就沒有趣味；吃飯有趣味嗎？（　　　），就沒有趣味。

參考答案：賭博有趣味嗎？（輸了），就沒有趣味；喝酒有趣味嗎？（病了），就沒有趣味；吃飯有趣味嗎？（飽了），就沒有趣味。

㈤長句排比

凡是在語文中，用結構相似、性質相同的長句，上下排比的一種修辭技巧，叫做長句排比。例如梁啓超〈論進取冒險〉：

嗚呼！一國之大，有女德而無男德，有病者而無健者，有暮氣而無朝氣，甚者乃至有鬼道而無人道。

作者闡明一個國家若僅有女德、病者、暮氣、鬼道，而無男德、健者、朝氣、人道，這是岌岌可危。就整體形式而言，是長句排比。就部分內容而言，是六個分句的映襯。「有」與「無」、「女德」與「男德」、「病者」與「健者」、「暮氣」與「朝氣」、「鬼道」與「人道」，都是正反對比。

活用練習：「既以為人己愈有，既以與人己愈多。」這是（　　　　）的眞諦，也是（　　　　）的道理，更是（　　　　）的寫照。

參考答案：「既以為人己愈有，既以與人己愈多。」這是（施比受更有福）的眞諦，也是（享受犧牲）的道理，更是（吃虧佔便宜）的寫照。

又如《大戴禮記・曾子大孝》：

> 夫孝，置之而塞於天地，衡之而充於四海，施諸後世而無朝夕。推而放諸東海而準，推而放諸西海而準，推而放諸南海而準，推而放諸北海而準。

這是闡釋孝道可以充塞在天地之間，也可以充塞四海，若推行孝道，必須不分晝夜，力行不已。「推而放諸東海而準，推而放諸西海而準，推而放諸南海而準，推而放諸北海而準」，這四個分句都是長句，因此屬於長句排比。

活用練習：沒有廉潔心的人就（　　　），不知羞恥心的人就（　　　），因此鮮廉寡恥的人，易於作姦犯科，違法亂紀。

參考答案：沒有廉潔心的人就（無所不取），不知羞恥心的人就（無所不爲），因此鮮廉寡恥的人，易於作姦犯科，違法亂紀。

作文若能運用排比，可以使文章結構更緊湊，文章主題更突出；說話若能運用排比，可以使語勢更增强，語意更周全。我們何樂而不為？

第四節　層遞的解說與活用

層遞，又叫漸層、遞進。所謂層遞，是指在語文中，用三個或三個以上結構相似的短語、句子、段落表達在數量、程度、範圍等輕重高低大小本末先後的一定比例，依序層層遞升或遞降的一種修辭技巧。

層遞的作用，張先亮認為有兩項作用：㈠是用於說理，可以把論點闡述得更嚴密、更透徹，使讀聽者的認識層層深化，對所表達的事理產生强烈深刻的印象。㈡是用於記敍、抒情，層遞可以使思想感情步步强烈，把感情抒發得淋漓盡致，以增强藝術感染力。㉓成偉鈞、唐仲揚、向宏業主編《修辭通鑑》則以為有三項作用：㈠是用來說理，可以將道理說得一步比一步深刻。㈡是用來敍事，可以把事物發展變化的過程敍說得清晰、形象。㈢是用來抒情，可以使感情一步一步地加深。㉔一言以蔽之，層遞的作用，可以產生層次感、變化感、說服力、感染力，增强語文的效果。

層遞的原則，黃師慶萱認為有兩點原則：㈠是必須具有一貫的秩序。㈡是儘量合乎邏輯的規則。㉕成偉鈞、唐仲揚、向宏業則以為有五項原則：㈠是必須弄清要表現的客觀事理內部的邏輯關係。㈡是具備運用層遞格的必要性。㈢是層遞的各項內容必須按同一順序排列，其中不能任意顚倒、變動。㈣是層遞的內容必須三項以上。㈤是句中選用一些恰當的關聯詞語。㉖

層遞與排比的區別：就形式而言，排比是相似結構的排列組合，層遞則不受語言結構的約束。就內容而言，排比在語句的排列和位置上，雖有一定的規則、根據，但基本上是並列的；層遞在語句的排列和布置上以內容爲根據，基本上是遞升或遞降的。㉗就作用而言，排比主要是增强氣勢，層遞主要則是推進語意。㉘

層遞的分類，衆說紛紜，見仁見智。黃師慶萱將層遞分爲單式、複式兩大類。單式層遞又分爲前進式、後退式、比較式三種。複式層遞又分爲反覆式、並立式、雙遞式三種。㉙張先亮從內容上，將層遞分爲遞升式層遞、遞降式層遞兩種；從結構上，把層遞分爲短語層遞、分句層遞、句子層遞、段落層遞四種。㉚成偉鈞、唐仲揚、向宏業則將層遞分爲由小漸大、由淺漸深、由低漸高、由近漸遠、由短漸長、由少漸多、由大漸小、由高漸低、由遠漸近、由多漸少、遞降與遞減兼用等十一種。㉛各家分類，以黃師最爲詳備，玆採用之。

㈠單式層遞

單式層遞分爲前進式、後退式、比較式三種，限於篇幅，範例、活用練習各舉一例。

1、**前進式層遞**：

所謂前進式層遞，是指在語文中，從淺到深，從小到大，從輕到重，從低到高，從前到後，從始到終的一種遞升排列的修辭技巧。例如李文炤〈儉訓〉：

一飯千金，一衣百金，一室千金，奈何不且貧至匱也？

此言生活奢侈浪費。「十金」、「百金」、「千金」，這是從少到多的前進式層遞，也是遞升的現象。

活用練習：喝一杯茶花一（　　　）元，吃一頓飯花一（　　　）元，買一幢房子花一（　　　）元，未免太浪費了吧！

參考答案：喝一杯茶花一（千）元，吃一頓飯花一（萬）元，買一幢房子花一（億）元，未免太浪費了吧！

2、**後退式層遞**：

所謂後退式層遞，是指在語文中，從深到淺，從大到小，從重到輕，從高到低，從後到前，從終到始的一種遞降排列的修辭技巧。例如《大戴禮記・曾子大孝》：

曾子曰：「孝有三：大孝尊親，其次不辱，其下能養。」……孝有三：大孝不匱，中孝用勞，小孝用力。

此言孝有三等，依次遞降：尊親、不辱、能養及大孝、中孝、小孝，都是從大到小的後退式層遞。

活用練習：大學生要追求（　　）的學識，中學生要追求（　　）的學識，小學生要追求（　　）的學識。

參考答案：大學生要追求（高深）的學識，中學生要追求（稍難）的學識，小學生要追求（基本）的學識。

3、**比較式層遞**：

所謂比較式層遞，是指在語文中，從數量上、程度上加以比較的一種遞進排列的修辭技巧。例如《孟子．公孫丑下》：

天時不如地利，地利不如人和。

就「天時」、「地利」、「人和」來比較，以「人和」爲貴。又如《論語・雍也》：「知之者不如好之者，好之者不如樂之者。」「知之者」、「好之者」、「樂之者」，三者比較，以「樂之者」爲最佳。

活用練習：（　　）下棋不如（　　）下棋，（　　）下棋不如（　　）在棋藝中。

參考答案：（知道）下棋不如（喜好）下棋，（喜好）下棋不如（沈醉）在棋藝中。

(二)複式層遞

複式層遞分爲反覆式、並立式、比較式三種。

1、反覆式層遞：

所謂反覆式層遞，是指在語文中，將前進式和後退式的層遞一前一後連接起來的一種遞進排列的修辭技巧。例如《禮記・大學》：

古之欲明明德於天下者，先治其國；欲治其國者，先齊其家；欲齊其家者，先修其身；欲修其身者，先正其心；欲正其心者，先誠其意；欲誠其意者，先致其知；致知在格物。物格而後知至，知至而後意誠，意誠而後心正，心正而後身修，身修而後家齊，家齊而後國治，國治而後天下平。

「格物」、「致知」、「誠意」、「正心」、「修身」、「齊家」、「治國」、「平天下」，是大學八條目，也是治國之道，先從「內聖」，再到「外王」。「內聖」，是「格物」、「致知」、「誠意」、「正心」、「修身」。「外王」，是「齊家」、「治國」、「平天下」。此八項反覆運用前進式、後退式的層遞，屬於反覆式層遞。

2、**並立式層遞**：

所謂並立式層遞，是指在語文中，將兩種同一性質的層遞平列的一種層進排列的修辭技巧。例如司馬光〈訓儉示康〉：

君子寡欲，則不役於物，可以直道而行；小人寡欲，則能謹身節用，遠罪豐家。……君子多欲，則貪慕富貴，枉道速禍；小人多欲，則多求妄用，敗家喪身。

此言君子、小人寡慾的優點，君子、小人多慾的缺點。依形式而言，是並立的；依內容而言，是對立的。君子、小人，是對立的。但以形式排列為主，所以叫做並立式；兼顧內容的遞進，因此合稱為並立式層遞。

3、**雙遞式層遞**：

所謂雙遞式層遞，是指在語文中，當甲乙兩現象有因果關係時，乙現象於是視甲現象的層遞也自成層遞現象的一種修辭技巧。例如方孝孺〈指喻〉：

始發之時，終日可愈；三日，越旬可愈；今疾已成，非三月不能瘳。

此言手指的病，愈快醫治愈快痊癒。「始發之時」、「三日」、「今疾已成」，是層遞。「終日」、「越旬」、「三月」，也是層遞。因此，這例句屬於雙遞式層遞。

層遞的修辭技巧，中學生可以靈活運用單式層遞，而複式層遞比較難，因此本文僅舉單式層遞的活用練習，以資參閱。

第五節　頂針的解說與活用

凡是在語文中，後面的開端和前面的結尾，重複同樣詞性的詞或短語、句子，頭尾蟬聯，像接力賽跑一樣，上傳下接，一氣呵成的一種修辭技巧，叫做頂針，又叫頂真、㉜蟬聯、聯語、遞代、聯珠、繼踵、鏈式結構，也叫咬字。

頂針的作用，張先亮認爲：㈠是能使文章結構嚴密，條理清楚，更好地反映事物的有機聯繫。㈡二是使語氣連貫，音律流暢。㉝成偉鈞、唐仲揚、向宏業主編《修辭通鑒》則以爲頂針有三種作用：㈠是敍說事理，表達感情，嚴謹而周密。㈡是格調清新，富有音樂美。㈢是行文條理清晰，井然有序。㉞頂針的原則，黃師慶萱認爲：㈠是橋梁，㈡是和諧，㈢是緊湊，㈣是趣味。㉟沈謙則以爲：㈠是首尾蟬聯，上遞下接。㈡是節奏緊湊，音律和諧。㈢是爲情造文，文質合一。㊱詞句首尾蟬聯，上傳下接，饒有趣味。如此，結構謹嚴，像一條鏈條似的，一環扣住一環，語氣貫通，層次分明。節奏緊湊，音律和諧，可以發揮「加强音律的節奏感，表達回環復沓的感情，表現出蟬聯的情趣」。爲情造文，文質合一，可以做到「情盡乎辭。」頂針與層遞的異同，黃師慶萱認爲：相同的地方，在本質上，兩者都根據觀念的聯接而形成，在形式上，兩者都講求層次和秩序。相異之處，頂針在本質上著重一個中心觀念；而層遞卻著重在比例、因果。頂針在形式上，以同一語詞貫串上下句；而層遞則以數句意義的關聯爲主。㊲

頂針的分類，沈謙認爲可以分爲段與段之間的頂針（又名連環體）、句與句之間的頂針（又名聯珠格）、句中頂針三種。㊳句中頂針一類，是沈氏的創見。張先亮將頂針分爲單蟬式和雙蟬式兩大類。單蟬式又分爲詞的頂針、短語的頂針、句子的頂針。㊴但雙蟬式頂針，易於與類疊（又叫反覆、複疊）混淆，本文不採用。句中頂針，多半是詞的頂針。句與句之間的頂針，有詞的頂針，也有短語的頂針。段與段之間，有短語頂針，也有句子頂針。因此，本文頂針的分類，擬分為詞的頂針[40]、短語的頂針、句子的頂針三種。

㈠詞的頂針

詞分為單詞、複詞，因此詞的頂針也可以分為單詞的頂針和複詞的頂針。

1、**單詞的頂針**

所謂單詞的頂針，是指在語文中，同用一個字產生一個意義的單詞而上傳下接的一種修辭技巧。例如列子〈愚公移山〉：

> **雖我之死，有子存焉；子又生孫，孫又生子；子又有子，子又有孫；子子孫孫，無窮匱也。**

列子同用一個「孫」字、一個「子」字，「子」、「孫」都是單詞，又是上傳下接的頂針，因此這例句是單詞的頂針。

活用練習：村子靠著（　　）、（　　）腳有個大（　　），（　　）的水流到村前成了小（　　），（　　）水碧綠清澈。

參考答案：村子靠著（山），（山）腳有個大（潭），（潭）的水流到村前成了小（溪），（溪）水碧綠清澈。

又如陶潛〈桃花源記〉：

復前往，欲窮其林。林盡水源，便得一山。山有小口，彷彿若有光。

陶潛同用一個「林」字、一個「山」字，「林」、「山」都是單詞，又是上傳下接的頂針，所以這例句也是單詞的頂針。

活用練習：柳樹前有一座小（　　），（　　）下有金魚戲（　　），（　　）邊有一對鴛鴦。

參考答案：柳樹前有一座小（橋），（橋）下有金魚戲（水），（水）邊有一對鴛鴦。

以上例句及活用練習，都是句與句之間的單詞頂針。句中的單詞頂針，像「春風吹花花怒開，春風吹人人老矣。」「酒不醉人人自醉。」「抽刀斷水水更流，舉杯消愁愁更愁。」

同用一個「花」字、一個「人」字、一個「水」字、一個「愁」字，都是單詞的頂針。

2、複詞的頂針

所謂複詞頂針，是指在語文中，同用兩個或兩個以上的字組成一個意義的複詞而上傳下接的一種修辭技巧。例如廖枝春〈談興趣〉：

在你看來毫無意義的事，他卻心神專注，玩得興致淋漓，自得其樂，這沒有別的理由，因為興趣，興趣引他入勝而已。

同用一個「興趣」、「興趣」是複詞，又是上傳下接的頂針，因此這例句是複詞的頂針。

活用練習：到郊外踏青，可以看到（　　　　），（　　　　）中有（　　　　），（　　　　）像萬馬奔騰。

參考答案：到山上踏青，可以看到（青山），（青山）中有（瀑布），（瀑布）像萬馬奔騰。

又如蔣夢麟〈故都的回憶〉：

紫禁城的周圍是一座長方形的黃色城牆；城牆四角矗立著黃瓦的碉樓。

同用一個「城牆」，「城牆」是複詞，又是上傳下接的頂針，所以這例句是複詞的頂針。

活用練習：小明放學後，立刻（　　　）、（　　　）後馬上寫功課。

參考答案：小明放學後，立刻（回家），（回家）後馬上寫功課。

(二)短語的頂針

凡是在語文中，運用同一個短語，上傳下接的一種修辭技巧，叫做短語的頂針，又叫詞組的頂針。例如《禮記・中庸》：

唯天下至誠，為能盡其性；能盡其性，則能盡人之性；能盡人之性，則能盡物之性；能盡物之性，則可以贊天地之化育；可以贊天地之化育，則可以與天地參矣。

同用「能盡其性」、「能盡人之性」、「能盡物之性」、「可以贊天地之化育」，這些都是詞組，又是上傳下接的頂針，因此這例句屬於詞組的頂針。

活用練習：好國民（　　　），（　　　）就（　　　），（　　　）就（

）,（　　　）就可以安居樂業了。

參考答案：好國民（能守法），（能守法）就（可以得到自由），（可以得到自由）就（可以推行民主），（可以推行民主）就可以安居樂業了。

又如《韓非子・解老》：

凡物之有形者，易裁也，易割也。何以論之？有形則有短長，有短長則有小大，有小大則有方圓，有方圓則有堅脆，有堅脆則有輕重，有輕重則有白黑。

同用「有短長」、「有小大」、「有方圓」、「有堅脆」、「有輕重」，這些都是詞組，又是上傳下接的頂針，所以這例句屬於詞組的頂針。

活用練習：運動家要有良好的風度，（　　　）就（　　　），（　　　）就可以贏得喝采鼓掌。

參考答案：運動家要有良好的風度，（有良好的風度）就（可以博得觀眾喜愛），（可以博得觀眾喜愛）就可以贏得喝采鼓掌。

㈢句子的頂針

凡是在語文中，運用同一個句子，上傳下接的一種修辭技巧，叫做句子的頂針。例如王蓉芷〈只要我們有根〉：

那挺立的樹身，仍舊，
我們擁有最真實的存在，
只要我們有根。

只要我們有根，
縱然沒有一片葉子遮身，
仍舊是一株頂天立地的樹。

這是段與段之間的頂針，同用一句「只要我們有根」，又是句子的頂針。又有句與句之間的頂針，也是句子的頂針，例如《論語・子路》：

名不正，則言不順；言不順，則事不成；事不成則禮樂不興；禮樂不興，則刑罰不中；刑罰不中，則民無所措手足。

這是闡述爲政在先正名。運用相同的句子，如「言不順」、「事不成」、「禮樂不興」、「刑罰不中」，又是上傳下接的頂針，這是句子的頂針，也是句與句之間的頂針。

活用練習：人生有喜有悲，但（　　　　　），（　　　　　）正可以考驗一個人的意志是否堅定，毅力是否堅强。

參考答案：人生有喜有悲，但（不如意事常有），（不如意事常有）正可以考驗一個人的意志是否堅定，毅力是否堅强。

段與段之間的頂針、句與句之間的頂針，二者皆有詞的頂針、短語的頂針、句子的頂針；但句中頂針僅有詞的頂針。頂針可以使語句結構緊密，氣勢通暢；用於抒情寫景，可以纏綿細膩，清晰深刻；用於敍事說理，可以連鎖暢達，緊湊嚴密。

第六節　回文的解說與活用

所謂回文，是指在語文中，上下兩句，詞彙大部分相同，詞序排列恰好相反，造成回環往復的形式的一種修辭技巧。回文的作用有二：㈠是簡潔地表明事物之間的內在聯繫，闡明事物之間的辯證關係。㈡是由於形式回環往復，用在寫景、敍事、抒情，都圓滿充實，節奏鮮明，和諧流暢，產生回環美、往復美。㊶運用回文的原則有六：㈠是回環往復，趣味盎然。㈡是適度變化，保其天趣。㊷㈢是力求奇警簡潔有力。㊸㈣是洞悉所闡述事物的內在聯繫。㈤是必須有助於內容的表達，具有語言的形式美與音樂美。㈥是明辨回文與頂針的區別：頂針帶有延伸性的相互關係，呈現「甲——乙，乙——丙」的方式，一環扣一環地向前推進；回文帶有循環性的相互關係，呈現「甲——乙，乙——甲」的方式，循環往復。㊹

回文的種類，張先亮將回文分為四種：㈠是回文語句，㈡是回文對，㈢是回文詩，㈣是回文詞。㊺沈謙把回文分為嚴式回文、寬式回文兩種。㊻成偉鈞、唐仲揚、向宏業將回文分為由詞回復形成的回文、由詞組回復形成的回文、內容相合的回文、內容相斥的回文、嚴整的回文、寬泛的回文、敍事回文、說理回文、抒情回文、回文詩、回文詞、回文曲等十二種。㊼回文詩、回文詞、回文曲，是依文學體裁來分類。敍事回文、說理回文、抒情回文，是依文章作法來分類。嚴整的回文、寬泛的回文，是依形式的寬嚴來分類。內容相合的回文、內容相斥的回文，是依文章的內容來分類。由詞回復形成的回文、由詞組回復形成的回文，是依文法結構來分類。由詞回復形成的回文，可以簡稱爲詞的回文。由詞組回復形成的回文，可以簡稱爲詞組回文。嚴整的回文相當於嚴式回文，寬泛的回文相當於寬式回文。限於篇幅，僅介紹常見的詞的回文、詞組回文、嚴式回文、寬式回文四種。

(一)詞的回文

所謂詞的回文，是指在語文中，上下兩句，詞序排列剛好相反，造成回環往復的形式，但開頭與結尾同用一個詞的一種修辭技巧。例如列子〈愚公移山〉：

> 子又有孫，孫又有子。

開頭，結尾同一個「子」字。「子」是單詞，也是名詞。全句用一個「子」字作回環往復，詞序排列又恰好相反，這是詞的回文。

活用練習：夕陽西下時，到海邊漫步，可以看到天連（　　），（　　）連天，使人難以分辨。

參考答案：夕陽西下時，到海邊漫步，可以看到天連（水）、（水）連天，使人難以分辨。

又如梁啓超〈爲學與做人〉：

宇宙即人生，人生即宇宙。

開頭與結尾同用「宇宙」，作爲回環往復，詞序排列又相反。「宇宙」，是並列式合義複詞。因此，這例句是詞的回文。

活用練習：夜闌人靜時，在海濱可以欣賞漁火好像（　　　　），（　　　　）好像漁火，叫人無法辨別。

參考答案：夜闌人靜時，在海濱可以欣賞漁火好像（星光），（星光）好像漁火，叫人無法辨別。

(二)詞組回文

所謂詞組回文，是指在語文中，上下兩句，詞序排列恰好相反，造成回環往復的形式，但開頭與結尾同用一個詞組的一種修辭技巧。例如蔡元培說：

讀書不忘救國，救國不忘讀書。

同用「讀書」在開頭、結尾，作爲回環往復，詞序排列又相反。「讀書」，是述賓結構的詞組。因此，這例句是詞組回文。

活用練習：吃飯不一定天天吃葷，也可以吃素；因爲吃素可（　　），（　　）宜吃素。

參考答案：吃飯不一定天天吃葷，也可以吃素；因爲吃素可（延年），（延年）宜吃素。

又如交通安全標語：

喝酒不開車，開車不喝酒。

同用「喝酒」在開頭、結尾，作爲回環往復，詞序排列又相反。「喝酒」，是述賓結構的詞組。所以，這例句是詞組回文。

活用練習：有耕耘才有收穫，因此要享福必須先（　　　　）才能享福。唯有（　　　　），

參考答案：有耕耘才有收穫，因此要享福必須先（辛勤地耕耘），唯有（辛勤地耕耘）才能享福。

㈢嚴式回文

所謂嚴式回文，是指在語文中，刻意追求字序的回繞，使同一語句或同一段文字既可順讀，又可倒讀的一種修辭技巧。例如：蘇東坡〈菩薩蠻〉：

離別惜殘枝，枝殘惜別離。

上句「離別惜殘枝」，是依序順讀。下句「枝殘惜別離」，是依序倒讀。因此，這例句是嚴式回文。

活用練習：大家都能夠本著「我爲人人，（　　　　）」的態度，社會一定安和樂利。

參考答案：大家能夠本著「我爲人人，（人人爲我）」的態度，社會一定安和樂利。

又如紀曉嵐〈題香山大佛寺〉：

人過大佛寺，寺佛大過人。

上聯「人過大佛寺」，是依序順讀。下聯「寺佛大過人」，是依序倒讀。所以，這例句是嚴式對偶。

活用練習：「我愛人人，（　　　　）」，這正是孟子所說的：「愛人者人恆愛之。」

參考答案：「我愛人人，（人人愛我）」，這正是孟子所說的：「愛人者人恆愛之。」

此外，還有一些嚴式回文，饒有趣味，例如「清香味永」四字，可以依序順讀「清香味永」、「香味永清」、「味永清香」、「永清香味」，也可以依序倒讀「永味香清」、「味香清永」、「香清永味」、「清永味香」。

㈣寬式回文

所謂寬式回文，是指在語文中，上句的末尾，用作下句的開頭，下句的末尾，又用作上句的開頭的一種修辭技巧。例如：徐志摩〈我所知道的康橋〉：

有村舍處有佳蔭，有佳蔭處有村舍。

上句的末尾用「有佳蔭」；下句的開頭也用「有佳蔭」，下句的末尾用「有村舍」，上句的開頭也用「有村舍」，因此這例句是寬式回文。

活用練習：久仰大名，不如見廬山眞面目，所謂「聞名不如（　　）,（　　）勝似聞名」。

參考答案：久仰大名，不如見廬山眞面目，所謂「聞名不如（見面），（見面）勝似聞名」。

又如胡適〈差不多先生傳〉：

十字常常寫成千字，千字常常寫成十字。

上句的末尾、下句的開頭同用「千字」，下句的末尾、上句的開頭同用「十字」，所以這例句是寬式回文。

活用練習：凡事不要貪心，因爲吃虧就是（　　　　　），（　　　　　）就是吃虧。

參考答案：凡事不要貪心，因爲吃虧就是（佔便宜），（佔便宜）就是吃虧。

本文雖然僅介紹常見的詞的回文、詞組的回文、嚴式回文、寬式回文四種，但若能靈活運用，必定使作文進步神速。不過，一般人可能有一個錯覺，認爲回文修辭技巧雖美，但多半是文言的回文，不容易創作。其實，白話的回文也不少。因此，活用練習大多以白話爲例，可以讓同學參考，但願能舉一反三，靈活運用。

第七節　錯綜的解說與活用

錯綜，又叫避複。所謂錯綜，是指在語文中，將形式整齊的類疊、對偶、排比、層遞，故意抽換詞面、交蹉語次、伸縮文身，變化句式，使其形式參差，詞面別異，以避免單調和呆板的一種修辭技巧。

錯綜的作用有三項：㈠是可以使語文清新活潑，錯綜變化，搖曳多姿，又有情趣。㈡是可以使語文精確生動，以提高表現力。㈢是在韻文中，可以產生音律美。㊽

錯綜的原則，黃師慶萱認爲有六項：㈠是配合內容，㈡是舒暢文氣，㈢是出奇制勝，㈣是須用匠心，㈤是綜合使用，㈥是避免蕪亂。㊾沈謙則以爲錯綜的原則有三項：㈠是靈活變化，㈡是錯落有致，㈢是綜合運用。㊿

錯綜的分類，陳望道分爲抽換詞面、交蹉語次、伸縮文身、變化句式四種。51黃師慶萱將錯綜分爲詞的錯綜和句的錯綜兩大類。詞的錯綜又分爲拼字、複詞兩小類。句的錯綜又分爲抽換詞面、交蹉語次、伸縮文身、變化句式四小類。52金慧萍、俞正貽以構成來分，將錯綜分爲詞語錯綜、句子錯綜兩類。53成偉鈞、唐仲揚、向宏業主編《修辭通鑑》，將錯綜分爲變化詞性、更換人名、變換稱謂、改換說法、抽換反覆中的詞面、抽換排比中的詞面、重複中交蹉語次、反覆中交蹉語次、對偶中交蹉語次、排比中交蹉語次、反覆中的伸縮文身、排比中的伸縮文身、肯定與否定錯綜、陳述與反間錯綜、設問與反問錯綜、各種方式錯綜等十六種。54楊樹達卻將錯綜分爲名稱、組織、上下文之關係三大類。名稱的錯綜又分爲姓與名錯舉、姓與字錯舉、姓與國錯舉、二字之稱上下錯舉四小類。組織的錯綜又分爲名詞與其狀詞、主辭與述辭、動詞與其賓辭、介詞與其賓辭四小類。55目前修辭學的書籍，多半分爲抽換詞面、交蹉語次、伸縮文身、變化句式四種。

㈠抽換詞面

所謂抽換詞面，是指在同一個句子或上下的句子中，將重複出現的詞語抽出，改換成別異的同義詞語或近義詞語的一種修辭技巧。例如朱自清的〈春〉：

小草偷偷地從土裡鑽出來，嫩嫩的，綠綠的。園子裡、田野裡，瞧去，一大片一大片滿是的。坐著，躺著，打兩個滾，踢幾腳球，賽幾趟跑，捉幾回迷藏。風輕悄悄的，草綿軟軟的。

「打兩個滾，踢幾腳球，賽幾趟跑，捉幾回迷藏」，其中「個」、「腳」、「趟」、「回」，都是作用相同的量詞，這是運用同義異詞，自然產生錯綜變化，毫不呆板。

活用練習：畫家在海邊寫生，至少帶一（　　）畫板，一（　　）椅子，一（　　）畫筆，一（　　）水彩，一（　　）清水。

參考答案：畫家在海邊寫生，至少帶一（塊）畫板，一（把）椅子，一（枝）畫筆，一（盒）水彩，一（桶）清水。

又如李斯〈諫逐客書〉：

惠王用張儀之計，拔三川之地，西并巴蜀，北收上郡，南取漢中，包九夷，制鄢、郢，東據成皋之險，割膏腴之壤，遂散六國之從，使之西面事秦，功施到今。

「拔三川之地，西并巴蜀，北收上郡，南取漢中，包九夷。制鄢、郢，東據成皋之險，割膏腴之壤」，其中「拔」、「并」、「收」、「取」、「包」、「制」、「據」、「割」八個字，都是動詞，也是「攻城略地」的意思，作者運用意義相同，詞面各異的詞語，使詞面既不重複，又不呆板，自然可以錯綜變化，生動活潑。

活用練習：秦孝公野心勃勃，有（　　　）天下，（　　　）宇內，（　　　）四海之意，（　　　）八荒之心。

參考答案：秦孝公野心勃勃，有（席捲）天下，（包舉）宇內，（囊括）四海之意，（併吞）八荒之心。

㈡交蹉語次

所謂交蹉語次，是指在語文中，將詞語的順序，故意安排得前後參差不同的一種修辭技巧。例如朱自清〈匆匆〉：

燕子去了，有再來的時候；楊柳枯了，有再青的時候；桃花謝了，有再開的時候。但是，聰明的，你告訴我，我們的日子為什麼一去不復返呢？……你，聰明的，告訴我，我們的日子為什麼一去不復返呢？

其中「聰明的，你告訴我」與「你，聰明的，告訴我」，這是作者刻意的改變詞序，使語句參差，富有變化，不致太呆板。

活用練習：悄悄的（　　　）離開這兒，正如（　　　）悄悄的來到這兒。

參考答案：悄悄的（我）離開這兒，正如（我）悄悄的來到這兒。

又如《孟子・梁惠王上》：

孟子對曰：「王何必曰利？亦有仁義而已矣。」王曰：『何以利吾國？』大夫曰：『何以利吾家？』士庶人曰：『何以利吾身？』上下交征利，而國危矣。……未有仁而遺其親者也，未有義而後其君者也。王亦曰仁義而已矣，何必曰利？」

「王何必曰利?亦有仁義而已矣。」與「王亦曰仁義而已矣,何必曰利?」這是作者故意錯綜詞序,使語句不呆板,而有變化。

活用練習:夏天吃飯有(　　　),冬天吃火鍋也有(　　　)。

參考答案:夏天吃飯有(青菜豆腐),冬天吃火鍋也有(豆腐青菜)。

㈢伸縮文身

所謂伸縮文身,是指在語文中,將整齊勻稱的句子,增加或減少字數,使得句子參差不齊,錯綜使用的一種修辭技巧。例如《戰國策・齊策》:

齊人有馮諼者,貧乏不能自存,使人屬孟嘗君,願寄食門下。孟嘗君曰:「客何好?」曰:「客無好也。」曰:「客何能?」曰:「客無能也。」孟嘗君笑而受之,曰:「諾!」左右以君賤之,食以草具。居有頃,倚柱彈其劍,歌曰:「長鋏歸來乎!食無魚!」左右以告。孟嘗君曰:「食之,比門下之客。」居有頃,復彈其鋏,歌曰:「長鋏歸來乎!出無車!」左右皆笑之,以告。孟嘗君曰:「為之駕,比門下之車客。」於是,乘其車,揭其劍,過其友,曰:「孟嘗君客我!」後有頃,復彈其劍鋏,歌曰:「長鋏歸來乎!無以為家!」左右皆惡之,以為貪而不知足。孟嘗君問：「馮公有親乎？」對曰：「有老母。」孟嘗君使人給其食用，無使乏。於是馮諼不復歌。

「倚柱彈其劍」、「復彈其鋏」、「復彈其劍鋏」、「左右以告」、「左右皆笑之，以告」、「左右皆惡之，以爲貪而不足」；前後各三句都是有增有減，使文句參差不齊，錯綜變化，呈現生動多姿。

活用練習：他是一位虔誠的佛教徒，起初（　　），今天（　　），將來（　　）。

參考答案：他是一位虔誠的佛教徒，起初（是的），今天（還是的），將來（一定也是的）。

又如《孟子．梁惠王下》：

孟子曰：「王之好樂甚，則齊國其庶幾乎！」他日，見於王曰：「王嘗語莊子以好樂，有諸？」王變乎色，曰：「寡人非能好先王之樂也，直好世俗之樂耳。」曰：「王之好樂甚，則齊其庶幾乎！今之樂，由古之樂也。」

「王之好樂甚，則齊國其庶幾乎！」與「王之好樂甚，則齊其庶幾乎！今之樂，由古之樂也。」後者少一個「國」字，但增加了「今之樂，由古之樂也」一句，這是作者刻意伸縮文身，使詞句不呆板，而生動活潑。

活用練習：聰明人，建築高樓總是看著地基，愚蠢的人，（　　）。

參考答案：聰明人，建築高樓總是看著地基，愚蠢的人，（建築高樓時總是看著樓的高低）。

㈣變化句式

所謂變化句式，是指在語文中，將肯定句與否定句、敘述句與疑問句等不同句式，穿插使用，使語文富有變化，避免板滯單調的一種修辭技巧。例如《孟子．梁惠王上》：

> 孟子見梁惠王，王立於沼上，顧鴻鴈麋鹿，曰：「賢者亦樂此乎？」孟子對曰：「賢者而後樂此，不賢雖有此不樂也。」

「賢者而後樂此」，是肯定句：「不賢雖有此不樂也」，是否定句。這是肯定句和否定句穿插運用，使詞句更生動、更活潑、更有變化，而不呆板。

活用練習：一般人做（　　　）的事，偉人做（　　　）的事。

參考答案：一般人做（平凡）的事，偉人做（不平凡）的事。

又如《孟子・梁惠王上》：

古之人與民偕樂，故能樂也。〈湯誓〉曰：「時日害喪，予及女偕亡！」民欲與之偕亡，雖有臺池鳥獸，豈能獨樂哉？

「古之人與民偕樂，故能樂也」，這是敍述句。「民欲與之偕亡，雖有臺池鳥獸，豈能獨樂哉？」這是疑問句。敍述句與疑問句穿插運用，使文句靈活生動，富有變化。

活用練習：一般人多半熱心追求（　　　），但熱心追求（　　　）的人有多少？

參考答案：一般人多半熱心追求（私利），但熱心追求（公利）的人有多少？

作文運用抽換詞面、交蹉語次、伸縮文身、變化句式的錯綜修辭方式，可以使文章更生動、更靈活，富有變化，饒有情趣，而不呆板、不單調，我們何樂而不爲？

第八節　互文的解說與活用

凡是在連貫性的語文中，上下文的結構相同或相似，某些詞語依據上下文的條件互相補充，合在一起共同表達一個完整的意義，或者敍述上文中省略下文出現的詞語，下文中省略上文出現的詞語，借參互以成文，經過綜合而見義的一種修辭技巧。㊻互文，又叫互音、互辭、互言、互義、互見、互文見義、互備、參互、錯互。互文的特點是參互成文，合而見義。易言之，互文是相輔相成、相互隱含的語句，一則可以分別理解，再則可以綜合領悟。分別理解時，語詞可以互相交換；綜合領悟時，可以彼此相加。㊼互文與錯綜的區別：互文是參互見義，詞義包含對方，語意都擴大；錯綜則是互換語詞的位置，但語意並不擴大。互文和對偶的分別；互文主要是在意義方面，參互成文，合而見義；對偶則側重於語句結構的形式方面，兩個相對稱的結構整齊的語句。

互文的作用，陸稼祥、池太寧主編《修辭方式例解詞典》認爲三種作用：㈠是語言精煉，語義含蓄。㈡是節奏整齊，音調和諧。㈢是在互文方式的運用中，既能體現出多方面、多層次、具體地觀察事物分析情理的辯證觀點，也能體現出漢民族語言傳統的寓變化於整齊之中的審美觀。楊子嬰、孫芳銘、王宜早合編《文學和語文裡的修辭》則以爲互文的作用有五項：

㈠是可以使語言精煉。㈡是有利於從正反兩方面表現思想，獲得反覆申說的效果，仍不失語言的精煉。㈢是有利於更充分地表現事物的屬性。㈣是强化表達。㈤是把幾種事物聯繫在一起，表現共同的情緒和思想。㊿互文的種類，可分爲連續式互文、平行式互文、對舉式互文、多層式互文四種。㊾

㈠連續式互文

凡是由兩個結構相同或相似的短語連續在一起組成的互文，叫做連續式互文，也可以稱爲句中互文或當句互文。例如歸有光〈項脊軒志〉

東犬西吠，客踰庖而宴，雞棲於廳。

「東犬西吠」，當作「東犬吠，西犬吠」。「東犬」、「西吠」，是兩個短語。「東犬」省略「吠」字，是探下省略；「西吠」省略「犬」字，是承上省略。由於「東犬西吠」，是同一分句中，互文見義，所以叫做句中互文，又叫當句互文；又由於「東犬西吠」是連續在一起，因此也稱爲連續式互文。

活用練習：假日登山，山上有很多小鳥棲息在樹枝，有時（　　　）。

參考答案：假日登山，山上有很多小鳥棲息在樹枝，有時（樹上鳥樹下啼）。（「樹上鳥樹下啼」，當作「樹上鳥啼，樹下鳥啼」。）

又如柳宗元〈答韋中立論師道書〉

屈子賦曰：「邑犬羣吠吠所怪也。」僕往聞：庸蜀之南，恆雨，少日，日出則犬吠。予以為過言。

「邑犬羣吠」，當作「邑犬吠，羣犬吠」。「邑犬」、「羣吠」，是兩個短語。「邑犬」省略「吠」字，「羣吠」省略「犬」字。

活用練習：昨天到鄉下走走，發現（　　　　）。

參考答案：昨天到鄉下走走，發現（東村火雞西村叫）。（「東村火雞西村叫」，當作「東村火雞叫，西村火雞叫」。）

又如白居易〈琵琶行并序〉

主人下馬客在船，舉酒欲飲無管絃。

「主人下馬客在船」，當作「主人、客下馬，主人、客在船」，「主人、客下馬」省略「客」字，「主人、客在船」省略「主人」二字。

活用練習：中醫師認爲紅棗不止具有（　　　）、養血安神的效用，也可以改善身體虛弱、腸胃不適的症狀。

參考答案：中醫師認爲紅棗不止具有（補中益氣）、養血安神的效用，也可以改善身體虛弱、腸胃不適的症狀。

（「補中益氣」，當作「補中氣、益中氣」。）

㈡平行式互文

凡是由兩個結構相同或相似的分句，以平行方式組成的互文，叫做平行式互文。例如〈木蘭詩〉：

雄兔腳撲朔，雌兔眼迷離。

全句可以寫成「雄兔、雌兔腳撲朔，雄兔、雌兔眼迷離」，也可以分解爲「雄兔腳撲朔，雄兔眼迷離；雌兔腳撲朔，雌兔眼迷離」。上下兩句或四句都是平行方式組成的，所以屬於平行式互文。

活用練習：夏天到海灘遊玩，（　　　　），（　　　　），眞是有趣極了。

參考答案：夏天到海灘遊玩，（東揀一塊雪貝），（西拾一個花螺），眞是有趣極了。

（「東揀一塊雪貝，西拾一個花螺」當作「東揀一塊雪貝、一個花螺，西拾一塊雪貝、一個花螺」。）

又如《詩經・小雅・蓼莪》：

父兮生我，母兮鞠我。

全句可以寫成「父、母兮生我，父、母兮鞠我」，也可以分解爲「父兮生我，父兮鞠我；母兮生我，母兮鞠我」。上下兩句或四句都是平行方式組成的，因此屬於平行式互文。

活用練習(一)：週末到外婆家的果園，（　　　　），（　　　　）。

參考答案：週末到外婆家的果園，（東邊採橘子），（西邊擷柳橙）。

（「東邊採橘子，西邊擷柳橙」當作「東邊採橘子、擷柳橙，西邊採橘子、擷柳橙」。）

活用練習㈡：在樹下靜思，有時感悟（　　），（　　）。

參考答案：在樹下靜思，有時感悟（驕傲的可笑），（自卑的無聊）。

（「驕傲的可笑，自卑的無聊」，當作「驕傲的可笑、無聊，自卑的可笑、無聊」。）

㈢對舉式互文

凡是由兩個結構相同或相似的分句，形式是平行，內容是正反對舉的方式組成的互文，叫做對舉式互文。例如范仲淹〈丘陽樓記〉：

> 予嘗求古仁人之心，或異二者之為，何哉？不以物喜，不以己悲，居廟堂之高，則憂其民；處江河之遠，則憂其君。

「不以物喜，不以己悲」，當作「不以物、己喜，不以物、己悲」，意謂不因爲外在環境的美善與自己的得志而喜樂，不因爲外在環境的惡劣和自己的失意而悲傷。「喜」與「悲」，是正反對比，所以全句是對舉式互文。又如《左傳・隱公三年》：

公入而賦：「大隧之中，其樂也融融。」姜出而賦：「大隧之外，其樂也洩洩。」遂為母子如初。

「公入而賦」、「姜出而賦」，當作「公、姜入而賦」、「公、姜出而賦」。「出」與「入」，是正反對比，因此全句是對舉互文。

四多層式互文

凡是由兩個結構相同或相似的分句，形式是平行，內容含有多層的意義組成的互文，叫做多層式互文。例如《禮記・坊記》：

子云：「有國家者，貴人而賤祿，則民興讓；尚技而賤車，則民興藝。故君子約言，小人先言。」

「君子約言，小人先言」，當作「君子約言，小人多言；君子後言，小人先言」。省略「小人多言」、「君子後言」。全句含有多層意義的互文，因此屬於多層式互文。但由於「君子」與「小人」、「約言」與「多言」、「後言」與「先言」，都是正反對比，所以全句又是對舉式互文。又如杜甫〈客至〉：

花徑不曾緣客掃，蓬門今始為君開。

全句當作「花徑不曾緣客掃，（花徑）今始爲君掃；蓬門不曾爲客開，（蓬門）今始爲君開」。省略「（花徑）今始爲君掃」、「蓬門不曾爲客開」。全句含有多層意義的互文，因此屬於多層式互文。

互文能使語言明快，結構工整，聲韻和諧，節奏優美，以收到文省而意存的效果。文言運用互文的修辭技巧，白話也使用互文的修辭技巧。

附註

①參閱浙江省修辭研究會編著《修辭方式例解詞典》，浙江教育出版社，民國七十九年九月初版，頁四至四十一、頁六十九。

②參閱黃師慶萱《修辭學》，三民書局，民國六十四年一月初版，頁四四四。

③同②，頁四四四至四四五。

④同②，頁四四五。

⑤見馬雄福翻譯《哈薩克族民歌選》，新疆人民出版社印行，民國七十五年二月初版，頁三十至三十一。

⑥成偉鈞、唐仲揚、向宏業主編的《修辭通鑑》說：「古代宮廷護衛列隊持仗（杖）相對而立，在形式上跟對偶一樣，故對偶又叫對仗。漢語中的『駢』字有並列對偶的意思，『麗』字也有成對之意，加之漢、魏、南北朝的駢文中對偶句極多，故對偶稱爲駢麗、麗辭，民間俗稱爲對子。」（見該書頁九十八，中國青年出版社印行，民國八十年六月北京初版。）

⑦對偶又稱爲儷辭，見於宋文翰《國文修辭學》：「對偶也叫儷辭。」（見該書頁二十九，新陸書局印行，民國六十年十一月出版）。徐芹庭《修辭學發微》：「對偶或稱儷辭。」（見該書頁一二一，臺灣中華書局印行，民國六十三年八月二版。）

⑧詳見張仁青教授《駢文學》，頁五十七至八十四，文史哲出版社印行，民國七十三年三月初版。

⑨參閱陸稼祥、池太寧主編《修辭方式例解詞典》，頁六十二，浙江教育出版社印行，民國七十九年九月初版。

⑩詳見黃師慶萱《修辭學》，頁四六三至四六七，三民書局印行，民國六十四年一月初版。

⑪參閱蔡宗陽〈論對偶的分類〉，見紀念林景伊師逝世十週年學術討論籌備委員會主編《林尹教授逝世十週年學術論文集》，頁七十一至八十六。限於篇幅，對偶的分類，僅以形式、內容分類，舉例詮證。

⑫見陳望道《修辭學發凡》，頁二〇一，文史哲出版社印行，民國七十八年一月再版。

⑬參閱黎運漢、張維耿《現代漢語修辭學》，頁一五〇，商務印書館香港分館印行，民國七十五年八月初版。

(54)見唐仲揚、向宏業、成偉鈞主編《修辭通鑒》，頁六一〇，中國青年出版社印行，民國八十年六月初版。

(55)見黃師慶萱《修辭學》，頁四六九，三民書局印行，民國六十四年一月初版。

(56)見陸稼祥、池太寧主編《修辭方式例解詞典》，頁一六六至一六七，浙江教育出版社印行，民國七十九年九月初版。

(57)同(54)，頁六一〇。

(58)同(55)，頁四七六至四八〇。

⑲詳見黃師慶萱《文法與修辭》下冊，頁二八三至二八五，國立編譯館印行，民國七十六年一月初版。

⑳同⑯，頁一六七至一六九。

㉑同54，頁六〇九至六一六。

㉒同⑲，頁二七六至二八三。

㉓參閱陸稼祥、池太寧主編《修辭方式例解詞典》，頁三十五，浙江教育出版社印行，民國七十九年九月初版。

㉔參閱成偉鈞、唐仲揚、向宏業主編《修辭通鑒》，頁六二一，中國青年出版社印行，民國八十年六月北京初版。

㉕詳見黃師慶萱《修辭學》，頁四九四至四九八，三民書局印行，民國六十四年一月初版。

㉖同㉔。

㉗同㉔。

㉘同㉓。

㉙同㉕，頁四八八至四九〇。

㉚同㉓，頁三十五至三十七。

㉛同㉔，頁六二二至六二五。

㉜黃師慶萱《高級中學文法與修辭學教師手册》說：「頂針，原爲刺繡或縫衣時中指所戴之金屬指環，環上滿是小凹點，以便推針穿布。在修辭學上，意指後句首字用前句末字，如『頂針』之頂『針』然。早期修辭學書，字多作『頂眞』，蓋假借『眞』字爲『針』字。今細檢古書，原多作『頂

針』。」（詳該書下冊，頁三〇四，國立編譯館印行，民國七十六年一月初版。）由此可知，原作「頂針」，又叫頂眞，是假借的緣故。

㉝詳見陸稼祥、池太寧主編《修辭方式例解詞典》，頁五十五至五十六，浙江教育出版社印行，民國七十九年九月初版。

㉞詳見唐仲揚、向宏業、成偉鈞主編《修辭通鑒》，頁六三六頁，中國青年出版社印行，民國八十年六月初版。

㉟詳見黃師慶萱《修辭學》，頁五一一至五一四，三民書局印行，民國六十四年一月初版。

㊱詳見沈謙《修辭學》下冊，頁七七五至七八〇，國立空中大學印行，民國八十年二月初版。

㊲同㉟，頁五〇五。

㊳同㊱，頁七三五至七七四。

㊴同㉝，頁五十六至五十七。

㊵詞的頂針，不再細分爲字的頂針、詞的頂針，因爲字是記錄語言的圖形符號，詞是句子中最小的語言單位。

㊶參閱成偉鈞、唐仲揚、向宏業主編《修辭通鑒》，頁五六三，中國青年出版社印行，民國八十年六月北京初版。

㊷參閱沈謙《修辭學》，頁八二四至八二七，國立空中大學印行，民國八十年二月初版。

㊸參閱黃師慶萱《修辭學》，頁五二四，三民書局印行，民國六十四年一月初版。

㊹同㊶，頁五六三至五六四。

㊺詳見陸稼祥、池太寧主編《修辭方式例解詞典》，頁一一一至一一三，浙江教育出版社印行，民國七十九年九月初版。

㊻同㊸書，頁七八四至八二四。

㊼同㊶書，頁五六四至五六七。

㊽參閱陸稼祥、池太寧主編《修辭方式例解詞典》，頁四十四，浙江教育出版社印行，民國七十九年九月初版。

㊾詳見黃師慶萱《修辭學》，頁五四五至五五〇。三民書局印行，民國六十四年一月初版。

㊿詳見沈謙《修辭學》，頁八六五至八六八，國立空中大學印行，民國八十年二月初版。

51詳見陳望道《修辭學發凡》，頁二〇四至二〇八，文史哲出版社印行，民國七十八年一月再版。

52同㊽，頁五二九至五四五。

53同㊽，頁四十四至四十五。

54詳見成偉鈞、唐仲揚、向宏業主編《修辭通鑒》，頁六三〇至六三六，中國青年出版社印行，民國八十年六月北京初版。

55詳見楊樹達《漢文文言修辭學》，頁一七三至一八二，（北京）中華書局印行，民國六十九年九月新一版。

㊻參閱唐松波、黃建霖主編《漢語修辭格大辭典》，頁三七五，中國國際廣播出版社印行，民國七十八年十二月初版。

㊼參閱陸稼祥、池太寧主編《修辭方式例解詞典》，頁一〇一至一〇二，浙江教育出版社印行，民國七十九年九月初版。

㊽同㊼，頁一〇二。

㊾詳見楊子嬰、孫芳銘、王宜早合編《文學和語文裡的修辭》，頁一二七至一三二，（香港）麥克米倫出版社有限公司印行，民國七十六年三月初版。

㊿同㊼，頁一〇二至一〇三及成偉鈞、唐仲揚、向宏業主編《修辭通鑑》，頁六六三，中國青年出版社印行，民國八十年六月北京初版。

第四章　比較篇

第一節　譬喻與轉化的比較

㈠前言

譬喻，又叫比喻，也叫打比方。轉化，又叫比擬。比喻和比擬都有一個「比」字，因此，黃師慶萱《修辭學》一書採用譬喻和轉化①，以免混淆不清。

雖然國中、高中的修辭學採用譬喻和轉化，但是中學國文教師和學生仍然易於混淆，很難明確辨析。揆其主因，不外是譬喻和轉化都有「比」的基礎，才會混淆。渾言之，二者相似；析言之，二者迥異。如何分辨二者的不同？我們可以從修辭的作用、修辭的原則、修辭的手段、語言的結構等四方面，來探析譬喻和轉化的區別。

㈡修辭的作用

譬喻的修辭作用，袁志宏認爲有四項：㈠可以化未知爲已知。㈡可以使深奧的、抽象的事理變得淺顯易懂。㈢可以化平淡爲生動、形象。㈣可以增强作品的表現力，產生愉悅的感覺，具有審美的作用。②成偉鈞、唐仲揚、向宏業則以爲譬喻有三項主要作用：㈠描繪事物的外在特徵，突出事物的某一部分形態。㈡在一些重要點上，揭示事物的內涵，表現事物的屬性或本質。㈢化遠知爲近知，化繁複爲簡易，將抽象的、深奧的事理具體化、淺顯化。③譬喻的作用，是用已知說明未知，用近知說明遠知，用簡易說明繁複，用具體說明抽象，用淺顯說明深奧，用生動活潑形容平淡無奇；一言以蔽之，用易知說明難知。

轉化的作用，袁志宏認爲有六項：㈠可以託物言志。㈡可以寓情於物，表達作者强烈的愛恨感情。㈢可以增强諷刺幽默，增强文章的感染力。㈣可以把無形的、抽象的事物描述得有聲有色、可見可聞。㈤可以使敍述生動活潑，加强文章的藝術感染力。㈥能製造氣氛，借以傳情達意。④

從修辭的作用而言，譬喻與轉化的不同，很容易分辨。但轉化的兩項作用，易於和譬喻混淆：㈠可以把無形的、抽象的事物描述得有聲有色，可見，可聞。㈡可以使敍述生動活潑，加强文章的藝術感染力。譬喻也有兩項作用，易於和轉化混淆：㈠可以使深奧的、抽象的事理變得淺顯易懂。㈡可以化平淡為生動、形象。其實，譬喻的作用在「喻」，重形態相像；轉化的作用在「化」，重動作仿照。譬喻的種類，可以分為明喻、隱喻、略喻、借喻、詳喻五種。⑤轉化的種類，可以分為人性化、物性化、形象化。因此，從分類而言，也可以洞悉：譬喻側重在「喻」，轉化則偏重在「化」。

㈢修辭的原則

譬喻的修辭原則，黃師慶萱分為消極的原則和積極的原則兩種。⑥消極的原則有五項：㈠不可太類似。㈡不可太離奇。㈢不可太粗鄙。㈣避免晦澀。㈤避免牽强的類比。積極的原則有六項：㈠必須是熟悉的。㈡必須是具體的。㈢必須富於聯想。㈣必須有合情境。㈤喻體與喻依在本質上必須不同。㈥必須是新穎的。沈謙則以為譬喻的原則有四項：㈠譬喻的喻體與喻依在本質上必須迥異，不宜太相近。㈡要以易知說明難知，以具體顯現抽象，以警策彰顯平淡。㈢進而求其切合情境，要求神似。㈣要求富於聯想，意蘊豐富。⑦

轉化的原則，黃師慶萱分為人性化的原則、物性化的原則、形象化的原則等三種。⑧人性化原則的基礎，是建立在「移情作用」上。人性化的原則有兩項：㈠必須創造一個親切的世界。㈡必須創造一個生動的世界。物性化原則的基礎，是建立在「聯想作用」上。物性化的原則有兩項：㈠必須顯現一個自由的人生。㈡必須顯現一個權威的人生。形象化的基礎，是建立在「形相直覺」上。形象化的原則有兩項：㈠必須使抽象的人事物化爲具體。㈡必須使感覺器官產生鮮明印象。沈謙則以爲轉化的原則有兩項：㈠物我交融，極態盡妍。㈡抒情狀物，維妙維肖。⑨

從修辭的原則而言，相同的地方：譬喻與轉化都是從兩件不同的事物間求取修辭的法則。相異之處：譬喻，係依據兩件不同事物的相似點下筆，是觀念內容的修整；轉化，係按照兩件不同事物的可變處下筆，是觀念形態的改變。

㈣修辭的手段

譬喻是一種形象化的手段，轉化卻是一種抒情手段。抒情的手段，都是發生在情感飽滿、物我交融的時候，因此轉化既可以物我交融，極態盡妍，又可以抒情狀物，維妙維肖。物我交融，抒情狀物，必須運用移情作用、聯想作用。移情作用，有人稱爲擬人作用。例如陳醉雲〈鄉下人家〉：

秋天到了，紡織娘便寄住在他們屋前的瓜架上，每當月明人靜的夜裡，便唱起歌來：「織，織，織，織呀！織，織，織，織呀！」

「（紡織娘）便唱起歌來」，這是將「紡織娘」人性化。把「紡織娘」轉化爲「人」，因此將「鳴叫」轉化爲「唱起歌來」，這是擬人作用，又是移情作用。又如范仲淹〈岳陽樓記〉：

予觀夫巴陵勝狀，在洞庭一湖。銜遠山，呑長江，浩浩湯湯，橫無際涯；朝暉夕陰，氣象萬千；此則岳陽樓之大觀也，前人之述備矣！

「（洞庭湖）銜遠山，呑長江」，這是將「洞庭湖」人性化。將「洞庭湖」轉化爲「人」，因此把「洞庭湖中的君山」轉化作「人口中所銜之物」，「洞庭湖吸納長江之水」轉化爲「人口中所吸納之物」，這是擬人作用，又是移情作用。

形象化的手段，是形象地描繪事物，形象地說明道理，因此譬喻既可以具體地描述事物，又可以具體地闡述事理。例如甘績瑞〈從今天起〉：

古人說：「去惡，如農夫之務去草焉。」俗語說：「斬草不除根，春風吹又生。」所以我們要革除一種惡習慣，便須下一個極大的決心，從今天起，就不再做。

作者運用具體的「農夫之務去草焉」，來闡明「去惡」的道理。喻體是「惡」，喻詞是

「如」，喻依是「草」。「惡」，是抽象的。「草」，是具體的。又如白居易〈琵琶行並序〉：

　　大絃嘈嘈如急雨，小絃切切如私語；嘈嘈切切錯雜彈，大珠小珠落玉盤。

「嘈嘈」，是形容聲音繁雜而急。「切切」，是形容聲音輕而細。「嘈嘈」、「切切」，是喻體。「如」，是喻詞。「急雨」、「私語」，是喻依。作者運用具體的「急雨」，來描述「嘈嘈」：運用具體的「私語」，來描述「切切」。

㈤語言的結構

譬喻和轉化的語言結構不同：譬喻的基礎，是喻體和喻依的相似關係，換言之，用喻依來描述喻體：轉化的基礎，是本來事物和擬作事物的相融，擬作的事物有時並不出現。

譬喻的語言結構，是喻體、喻詞、喻依、喻旨。例如梁實秋〈鳥〉：

　　不知是什麼東西驚動牠（指鳥）了，牠倏地振翅飛去，牠不回顧，牠不徘徊，牠像虹似地一下就消逝了，牠留下的是無限的迷惘。

「牠(指鳥)」，是喻體。「像」，是喻詞。「虹」，是喻依。作者用「虹」來譬喻「鳥」，鳥很快地飛去好像虹很快地消逝。又如晁錯〈論貴粟疏〉：

民者，在上所以牧之；趨利如水走下，四方無擇也。「趨利」，是喻體。「如」，是喻詞。「水走下」，是喻依。作者用「水」來譬喻「利」，人追求利好像水往下流。

轉化的語言結構，是本來的人、事、物和擬作的人、事、物融和在一起，因此本來的人、事、物和擬作的人、事、物是相融的。例如張騰蛟〈溪頭的竹子〉：

我站在竹林的邊緣，發現到這裡的竹子是很講究秩序的，它們有它們的領域，它們有它們的地盤；它們絕對不會獨個兒走向其他林木叢裡去，也不會讓其他的林木走進它的行列裡來。

作者將「竹子」轉化為「人」，因此「講究秩序」是人性化。「竹子」和「人」，是相融的。又如陳之藩〈哲學家皇帝〉：

民主，並不是「一羣會投票的驢」；民主確實需要全國國民都有「哲學家皇帝」的訓練。

作者將「人」轉化爲「驢」，這是物性化。「驢」和「人」，是相融的。

(六)結語

譬喻與轉化的區別，只要把握修辭的作用、修辭的原則、修辭的手段、語言的結構等四方面，來加以辨析。何者是譬喻？何者是轉化？自然一清二楚，不會再混淆不清了。

第二節　譬喻與象徵的比較

(一)前言

李裕德說：「象徵的特點同比喻有某些相似。」⑩大陸叫比喻，臺灣叫譬喻。由於象徵和譬喻有些相似，因此不僅中學國文教師很難分辨譬喻與象徵的不同，連中學學生，甚至於國文系或中文系的學生，也不易辨析。

譬喻比較偏重於句子，象徵比較偏重於篇章，但象徵也有句子，譬喻也有篇章，所以二者易於混淆不清。渾言之，二者有些相似；析言之，二者截然不同。如何辨析二者的迥異？我們可以從修辭的作用、修辭的原則、語言的結構、使用範圍等四方面，來闡論譬喻與象徵的分別。

㈡修辭的作用

譬喻的作用，袁志宏以爲有四項：㈠可以化未知爲已知。㈡可以使深奧的、抽象的事理變得淺顯易懂。㈢可以化平淡爲生動、形象。㈣可以增强作品的表現力，產生愉快喜悅的感覺，具有審美的作用。⑪成偉鈞、唐仲揚、向宏業卻認爲譬喻的作用有三項：㈠描述事物的外在特徵，凸出事物的某一部分形態。㈡在一些重要點上，揭示事物的內涵，表現事物的屬性或本質。㈢化遠知爲近知，化繁複爲簡易，將抽象的、深奧的事理具體化、淺顯化。⑫譬喻的修辭作用，是用已知說明未知，用近知闡述遠知，用簡易闡明繁複，用具體形容抽象，用淺顯說明深奧，用生動活潑形容平淡無奇；一言以蔽之，用易知說明難知。

象徵的作用，袁志宏認爲有三項：㈠可以使內容表達得曲折、含蓄，但形象具體，寫意深刻。㈡可以深化作品的主題，並且耐人尋味。㈢可以給人深刻的印象和强烈的感染。⑬

就修辭的作用來說，譬喻與象徵的不同，很容易辨析。譬喻的作用，旨在使深奧的、抽象的事理變得淺顯易懂；而象徵的作用，旨在使內容表達得曲折、含蓄，寫意深刻。譬喻的作用，旨在化未知爲已知，化遠知爲近知，化繁複爲簡易，化抽象爲具體，化深奧爲淺顯；而象徵的作用，旨在深化作品的主題，給人深刻的印象和强烈的感染。譬喻的作用，須化平淡爲生動、形象以及用具體說明抽象；而象徵的作用，雖寫意深刻，但形象具體；二者所敍述的形象和具體是相同，易於混淆。總而言之，譬喻的作用，側重於淺化，象徵的作用，卻側重於深化。

㈢修辭的原則

譬喻的原則，黃師慶萱分爲消極的原則和積極的原則兩種。⑭消極的原則有五項：㈠不可太類似。㈡不可太離奇。㈢不可太粗鄙。㈣避免晦澀。㈤避免牽强的類比。積極的原則有六項：㈠必須是熟悉的。㈡必須是具體的。㈢必須富於聯想。㈣必須有合情境。㈤喻體和喻依在本質上必須不同。㈥必須是新穎的。沈謙卻認爲譬喻的原則有四項：㈠譬喻的喻體和喻依在本質上必須迥異，不宜太相近。㈡要以易知說明難知，以具體顯現抽象，以警策彰顯平淡。㈢進而求其切合情境，要求神似。㈣要求富於聯想，意蘊豐富。⑮

象徵的原則，黃師慶萱以爲有六項：㈠結合意象，使象徵有足夠的可信度。㈡濃縮文字，納深廣題旨於短篇之中。㈢超越時空，呈現普遍而永恆的價值。㈣要有重心，一篇之中象徵不可太多。㈤避免淺俗，不可直接揭示作者用意。㈥要求自然，創作欣賞切忌機械附會。⑯沈謙卻認爲象徵有兩項原則：㈠隨時起情。㈡依微擬議。⑰

從譬喻和象徵的修辭原則，可以區別二者是截然不同。譬喻必須是熟悉的、具體的、新穎的，不可以太類似、太離奇、太粗鄙、必須富於聯想、配合情境，避免晦澀、牽强；而象徵必須結合意象、濃縮文字、超越時空、呈現重心、要求自然，避免淺俗。

㈣語言的結構

譬喻和象徵的語言結構不同：譬喻的基礎，是喻體和喻依的相似關係，易言之，用喻依來描繪喻體；而象徵卻是由象徵體和象徵義構成，換言之，象徵必須對象徵體進行描述，然後才含蓄地呈現象徵義。

譬喻的語言結構，是喻體、喻詞、喻依、喻旨⑱。例如鍾梅音〈鄉居情趣〉：

新雨之後，山岡蒼翠如濯；雲氣瀰漫之際，彷彿罩著輕紗的少婦，顯得那麼憂鬱、沈默；潮聲澎湃，猶如萬馬奔騰；遙望波濤洶湧，好像是無數條白龍，起伏追逐於海面羣峯之間。

「山岡蒼翠」、「雲氣瀰漫之際」、「潮聲澎湃」、「遙望波濤洶湧」，都是喻體。「如」、「彷彿」、「猶如」、「好像」，都是喻詞。「濯」、「罩著輕妙的少婦」、「萬馬奔騰」、「無數條白龍」，都是喻依。「顯得那麼憂鬱、沈默」、「起伏追逐於海面羣峯之間」，都是喻旨。又如蘇洵〈六國論〉：

> 至於顛覆，理固宜然。古人云：「以地事秦，猶抱薪救火，薪不盡，火不滅。」此言得之。

「以地事秦」，是喻體。「猶」，是喻詞。「抱薪救火」，是喻依。「薪不盡，火不滅」，是喻旨。

象徵的語言結構，是象徵體、象徵詞、象徵義。例如徐遲〈生命之樹常綠〉：

> 這一個庭院呵！漢祠、唐梅、宋柏、元杉、明茶、清玉蘭，象徵中國歷史和古代植物的光輝。

「漢祠、唐梅、宋柏、元杉、明茶、清玉蘭」，是象徵體。「象徵」，是象徵詞。「中國歷史和古代植物的光輝」，是象徵義。又如孟郊〈遊子吟〉：

慈母手中線，遊子身上衣。
臨行密密縫，意恐遲遲歸。
誰言寸草心，報得三春暉？

「寸草心」，譬喻子女細微的孝心。「三春暉」，象徵恩澤廣深的母愛。⑲「三春暉」，是象徵詞。「象徵」，是象徵詞。「恩澤廣深的母愛」，是象徵義。象徵詞、象徵義，都省略，僅剩下象徵詞。

㈤使用的範圍

濮侃說：「比喻較普遍，象徵一般用於文藝語體。」⑳譬喻可以運用在各類文體，不論記敍、抒情、論說都可以應用譬喻；但象徵卻運用在抒情比較多，運用在其他文體比較少。記敍如方苞〈左忠毅公軼事〉：

公辨其聲，而目不可開，乃奮臂以指撥眥，目光如炬。

「目光如炬」，是譬喻。「目光」，是喻體。「如」，是喻詞。「炬」，是喻依。抒情如劉鶚〈明湖居聽書〉：

（王小玉）聲音初不甚大，只覺入耳有說不出來的妙境，五臟六腑裡，像熨斗熨過，無一處不伏貼，三萬六千個毛孔，像吃了人參果，無一個毛孔不暢快。

這是運用兩個喻依，來闡述王小玉美妙的聲音十分悅耳，使人如熨斗熨過，又如吃了人參果，十分暢快、伏貼。論說如甘績瑞〈從今天起〉：

古人說：「從前種種，譬如昨日死；以後種種，譬如今日生。」這句話中間，我們應當注意「昨日死」、「今日生」六個字。

「從前種種」、「以後種種」，是喻體。「譬如」，是喻詞。「昨日死」、「今日生」，是喻依。

象徵多半運用在抒情，例如朱自清〈背影〉：

他給我揀定了靠車門的一張椅子，我將他給我做的紫毛大衣鋪好座。

作者運用「紫皮大衣」，象徵「父愛的溫暖」。

㈥結論

譬喻與象徵的區別，譬喻的喻依多半是具體的，而象徵的象徵義多半是抽象的。若能再掌握修辭的作用、修辭的原則、語言的結構、使用的範圍等四方面，來辨析譬喻和象徵的不同，應該是易如反掌。

第三節　對偶與排比的比較

㈠前言

對偶與排比，不僅是最容易混淆的修辭格，也是最不容易辨析的修辭格，更是中學國文教師最頭疼的問題，又是目前亟待解決的問題。

本文首先提出各家如何區別對偶和排比，加以闡析，再論述易於混淆之處，並提出如何辨析。

㈡各家區別對偶與排比

對偶與排比的區別，各家說法見仁見智。首先提出二者區別的是陳望道《修辭學發凡》，他說：

> 排比和對偶，頗有類似處，但也有分別：
> 1、對偶必須字數相等，排比不拘；
> 2、對偶必須兩兩相對，排比也不拘；
> 3、對偶力避字同意同，排比卻以字同意同為經常狀況。㉑

黃師慶萱認爲「陳氏對於對偶和排比的實際分別有相當詳細的說明，但是也僅僅觸及二者字面上的現象，而不曾一探其根源。這兒必須加以補充的是：在美學上，對偶和排比都基於平衡與勻稱的原理，某種情形的排比只是對偶的擴大或延伸」。㉒

其次談到對偶與排比的辨別，是黎運漢、張維耿。他們雖然同樣認爲排比是對偶的擴展，但他們也提出排比與對偶的區別：

1、對偶是事物對立對應間的反映，排比是同一範圍事物的列舉。

2、對偶限於兩個對句，排比的句數則不受限制。

3、對偶的兩個對句意思互相對應，字數大體相等；而排比衹須句子結構相同或相似就可以了，字數不必相對。

4、對偶的兩個對句避免用相同的字，組成排比的各句則常出現相同的字。㉓

黎、張二氏認爲「對偶限於兩個對句」，有待商榷。對偶依句型而言，可以分爲句中對、單句對、隔句對、長偶對四類。「兩個對句」，似僅指單句而言。因此，陳望道主張「對偶必須兩兩相對」，此說比較周延。

對偶與排比的辨別，若依來源而論，對偶與排比都基於平衡與勻稱的原理，但對偶比較偏重於對比，但排比卻比較側重於和諧。㉔若依句型而言，對偶是兩兩相對，但排比經常是三項或三項以上。㉕對偶與排比的區別，本來很容易；但爲什麼時常混淆不清，癥結何在？如何辨析對偶與排比的不同？這是本文探討的重點。

㈢如何辨析對偶與排比

我們要探討對偶與排比的不同，首先提出易於混淆之處，再闡述如何辨析對偶與排比。

對偶與排比容易混淆不清，主要原因，有下列幾項：

1、對偶必須字數相等，排比也可以字數相等。

如果排比字數不相等，就不易混淆。上下句字數相等的排比，易於混淆者，例如《論語・述而》：

不憤不啟，不悱不發。

從整體形式而言，是上下句字數相同的排比；從部分形式而言，是類疊中的類字，反覆使用四個「不」字。又如《孟子・離婁上》：

自暴者不可與有言也，自棄者不可與有為也。

從整體形式而言，是上下句字數相同的排比。從部分形式而言，反覆使用相同的「自……者不可與有……也」，是類疊中的類字。

2、對偶的兩兩相對。

例如：隔句對是第一分句與第三分句相對，第二分句與第四分句相對；全句是四個分句。但排比也有四個分句組成的，易與隔句對混淆。例如《荀子・勸學》：

施薪若一，火就燥也；平地若一，水就溼也。

從整體形式而言，是排比。從部分形式而言反覆使用相同的「若一」、「就」、「也」，是類疊中的類字。但「火」對「水」、「燥」對「溼」，就部分內容而言，是正反對比的映襯。

又如何仲英〈享福與吃苦〉：

吃一己之苦者，享一己之福；吃眾人之苦者，享眾人之福。

就整體形式而言，是排比。就部分形式而言，反覆使用相同的「吃」、「一己」、「眾人」、「苦」、「福」，是類疊中的類字。

3、**對偶避免字同意同，這是嚴式對偶，又叫嚴對。**

若有字同意同的對偶，是寬式對偶，又叫寬對。寬對容易與字同意同的排比混淆，尤其是寬對中的字同意同太多，是否歸入排比，這是爭議性的問題，也是最難解決的問題。例如劉禹錫〈陋室銘〉：

山不在高，有仙則名；水不在深，有龍則靈。

就整體形式而言，是排比；就部分形式而言，既是類疊，又是對偶。反覆使用「不在」、「有」、「則」，這是類疊中的類字。「山」對「水」，「高」對「深」，「仙」對「龍」，「名」對「靈」，這是對偶。寬對中的字同意同，以虛字、虛詞相同爲宜，並且以少用字同意同爲佳，誠如陳望道所說：「對偶力避字同意同。」若上下句詞意相同，是對偶的毛病，叫做合掌。

4、對偶必須兩兩相對。

因此除了句中對之外，都是兩兩相對，但也有三分句而互相對偶的鼎足對，例如馬致遠〈天淨沙〉：

枯藤老樹昏鴉，小橋流水人家，古道西風瘦馬。

三個分句相對，如同三足鼎立，叫做鼎足對。這是元曲特有的對偶，其他詩文比較少見。由於三個分句構成的鼎足對，很容易與三分句組成的排比混淆，因此必須加以辨析。鼎足對的特點，沒有字同的現象；三分句構成的排比，經常有字同的現象。例如《論語・子罕》：「知者不惑，仁者不憂，勇者不懼。」這是排比。

㈣如何辨析對偶與排比

辨析對偶與排比，可分爲比較容易和比較困難兩部分，來加以詮證。比較容易辨析對偶與排比的不同，有二種情形：

1、偶句如二、四、六句，多半是對偶。奇句如三、五、七句，多半是排比。

例如劉禹錫〈陋室銘〉：「談笑有鴻儒，往來無白丁。」就整體形式而言，是對偶。但就整體內容而言，是映襯。又如《孟子・滕文公下》：「富貴不能淫，貧賤不能移，威武不能屈。」就整體形式而言，是排比。但就部分形式而言，是類疊中的類字，因爲反覆使用「不能」三次。

2、句中對，是對偶特有的，排比所無。

例如朱自清〈匆匆〉：「在千門萬戶的世界裡的我，能做些什麼呢？」「千門」對「萬戶」，這是句中對。句中對不可能和排比混淆。

至於比較困難辨析對偶與排比的不同，有三種情形：

1、二分句組成的對偶與排比，首先以有無字同來分辨，若有很多字同的現象，就整體形式而言，是排比；但就部分形式而言，若有對偶的現象，僅是部分對偶而已。如字同的現象很少，而且字同是虛詞，可以視爲寬對。例如丘遲〈與陳伯之書〉：「廉公之思趙將，吳子之泣西河。」「之」字，是虛詞，因此這例句屬於寬對。

2、四分句組成的對偶，如第一分句對第三分句，第二分句對第四分句，一定是對偶。若對偶中有少數字同的虛詞，也可以視爲寬對。若對偶中字同的虛詞太多，只能列入部分對偶；但以整體形式而言，是排比。例如《孟子．梁惠王下》：「樂民之樂者，民亦樂其樂；憂民之憂者，民亦憂其憂。」就整體形式而言，是排比。就部分形式而言，既是對偶，又是類疊。「樂」對「憂」，是部分對偶。反覆使用相同的「樂」、「憂」、「之」、「者」、「亦」、「其」等字，是類疊中的類字。就部分內容而言，「樂」與「憂」，是正反對比，屬於映襯。此外，有四分句構成的排比，例如《論語．子罕》：「志於道，據於德，依於仁，游於藝。」就整體形式而言，是排比。就部分形式而言，反覆使用「於」字四次，屬於類疊中的類字。

4、六分句構成的對偶，如第一分句對第四分句，第二分句對第五分句，第三分句對第六分句，必定是對偶。若對偶中有少數字同的虛詞，也可以列入寬對。若對偶中字同的虛詞太多，只能視爲部分對偶；但依整體形式而言，是排比。例如《荀子．勸學》：「登高而招，臂非加長也，而見者遠；順風而呼，聲非加疾也，而聞者彰。」就整體形式而言，是排比。就部分形式而言，「登高而招」對「順風而呼」、「臂」對「聲」、「長」對「疾」、「見」對「聞」、「遠」對「彰」，這是部分對偶。此外，有六分句組成的排比，例如鄭頻〈成功〉：「合抱之木，生於毫末；九層之臺，起於累土；千里之約，始於足下。」就整體形式而言，是排比。就部分形式而言，反覆使用相同的「之」、「於」二字，是類疊中的類字。

(四)結論

對偶與排比的分辨，若就內容而言，對偶側重於對比，但排比卻偏向於和諧。而排比與類疊的區別，若就美學而言，類疊基於劃一的多數，但排比卻基於多樣的統一和共相的分化。㉖

對偶與排比易於混淆，揆其主因，在於就美學而言，都是基於平衡與勻稱的原理；就形式而言，修辭學有兼格的現象，而且對偶有寬嚴之分，寬對很容易與排比混淆不清。至於如何辨析對偶和排比的不同？我們可以依照整體形式和部分形式來分辨，或者增加一個修辭格，叫做排偶，將兼有排比和對偶的現象，列入排偶。如此一來，涇渭分明；不是排比，就是對偶；不是排偶，便是排比兼類疊。

附註

①「譬喻」一詞，見於漢朝王符《潛夫論・釋難》：「夫譬喻也者，生於直告之不明，故假物之然否以彰之。」「轉化」一詞，黃師慶萱採用于在春之說。

②參閱陸稼祥、池太寧主編《修辭方式例解詞典》，頁九，浙江教育出版社印行，民國七十九年九月初版。

③參閱成偉鈞、唐仲揚、向宏業主編《修辭通鑑》，頁三五〇，中國青年出版社印行，民國八十年六月北京初版。

④同②，頁三至四。

⑤譬喻的種類，一般僅分明喻、隱喻、略喻、借喻四種。黃師慶萱認爲應該增加「詳喻」一類，使譬喻成爲五種。

⑥參閱黃師慶萱《修辭學》，頁二四二至二五〇，三民書局印行，民國六十四年一月初版。

⑦參閱沈謙《修辭學》，頁八十七至八十八，國立空中大學印行，民國八十年二月初版。

⑧同⑥，頁二八三至二八六。

⑨同⑦，頁四三〇至四三四。

⑩見李裕德《新編實用修辭》，頁二一一，北京出版社印行，民國七十四年九月初版。

⑪參閱陸稼祥、池太寧主編《修辭方式例解詞典》，頁九，浙江教育出版社印行，民國七十九年九月

初版。

⑫參閱成偉鈞、唐仲揚、向宏業主編《修辭通鑒》，頁三五〇，中國青年出版社印行，民國八十年六月北京初版。

⑬同⑪，頁二五九至二六〇。

⑭參閱黃師慶萱《修辭學》，頁二四二至二五〇，三民書局印行，民國六十四年一月初版。

⑮參閱沈謙《修辭學》，頁八十七至八十八，國立空中大學印行，民國八十年二月初版。

⑯同⑭，頁三五六至三六三。

⑰同⑮，頁三六四至三六五。

⑱譬喻的語言結構，一般分爲明喻、隱喻、略喻、借喻四種。黃師慶萱認爲須加「詳喻」一類，即喻體、喻詞、喻依、喻旨。黃師採用朱自清的說法，用「意旨」，大陸學者用「喻解」，筆者用「喻旨」，以呈現譬喻的特色。

⑲同⑮，頁三二二。

⑳濮侃《辭格比較》，頁五十九，安徽教育出版社印行，民國七十二年九月初版。

㉑見陳望道《修辭學發凡》，頁三〇七，上海開明書店印行，民國二十一年四月初版。

㉒見黃師慶萱《修辭學》，頁四七〇，三民書局印行，民國六十四年一月初版。

㉓見黎運漢、張維耿《現代漢語修辭學》，頁一五〇，商務印書館香港分館印行，民國七十五年八月

初版。

㉔同㉒。

㉕參閱鄭遠漢《辭格辨異》，頁八十六，湖北人民出版社印行，民國七十一年七月初版。

㉖同㉒，頁四六九。

第五章 教學篇

第一節 修辭的教學目標

㈠前言

教育部於民國八十四年十月修正發布《高級中學課程標準》，其中《文法與修辭》教學目標有四：

1、能了解我國文法之特質及修辭之方法與功用，以奠定寫作和研習國學之基礎。

2、能運用文法知識，以探索語意，表達情意。

3、能熟練修辭之技巧，以增進寫作與鑑賞能力。

4、能體會我國語言文字的奧妙，從而培養熱愛中華文化的情操。①《文法與修辭》教學目標2，可以增加「修辭」，內容改爲「能運用文法與修辭知識，以探索語意，表達情意」。一般人以爲惟有「文法知識」，可以探索語意，殊不知「修辭知識」也可以探索語意，從事字義、詞義、句義教學。教學目標3，也可以增加「文法分析」，內容改爲「能熟練文法分析及修辭技巧，以增進寫作能力與鑑賞能力。」

教育部發布《文法與修辭》教學目標，本文擬以比較具體的內容，闡析修辭的教學目標。修辭的教學目標有三：㈠是認知的教學目標，㈡是能力的教學目標，㈢是情意的教學目標。認知的教學目標含有修辭格的辨別方法、修辭格的命題技巧兩項。能力的教學目標包括字義、詞義、句義的教學與造句、作文三項。情意的教學目標包含修辭的功用、修辭的鑑賞兩項。本文將修辭的四項教學目標，化爲三項大目標、七項小目標。茲闡析之。

㈡認知的教學目標

一般修辭分爲消極修辭、積極修辭兩項。消極修辭的目的，在於追求通順、明確。積極修辭的目的，在於典雅、美妙。所謂積極修辭，是指修辭格而言。中學修辭考試多半側重於修辭格，因此國文教師如何教學生辨別修辭格，如何命題，成爲刻不容緩的課題。因此，修辭的認知教學目標有二：㈠是修辭格的辨別方法，㈡是修辭格的命題技巧。爲了便於學例說明，因此同一學例，先談如何教學生辨別修辭格的方法，再談教師如何命題。

國文教師教學生辨別修辭格的方法有二：㈠是就整體而言，㈡是就部分而言。如徐志摩〈翡冷翠山居閒話〉云：

你不妨搖曳著一頭的蓬草，不妨縱容你滿腮的苔蘚。

就整體而言，是排比；就部分而言，是類疊。間隔使用「不妨」、「的」各兩次，是類疊中的類字。「你不妨搖曳著一頭的蓬草」，就整體而言，是轉化；就部分而言，是譬喻。「蓬草」，可以還原爲「未梳理的頭髮如蓬草」，省略喻體「未梳理的頭髮」，省略喻詞「如」，僅剩喻依「蓬草」，因此是譬喻中的借喻。「不妨縱容你滿腮的苔蘚」，就整體而言，是轉化；就部分而言，是譬喻。「苔蘚」，可以還原爲「未刮剃的鬍鬚如苔蘚」，省略喻體「未刮剃的鬍鬚」，省略喻詞「如」，僅剩喻依「苔蘚」，因此是譬喻中的借喻。凡是一個句子或短語、詞語，含有兩種修辭格，叫做兼格修辭。國文教師命題，遇到兼格修辭時，必須運用辨別修辭格的方法。

如單選題：「不妨縱容你滿腮的苔蘚」，就整體而言，屬於下列何種修辭技巧？⑴排比⑵轉化⑶譬喻⑷借代。答案是⑵。

如多選題：「你不妨搖曳著一頭的蓬草」，運用下列那些修辭技巧？⑴借代⑵譬喻⑶排比⑷轉化。答案是⑵⑷。

又如李文炤〈勤訓〉云：

治生之道，莫尚乎勤，故邵子云：「一日之計在於晨，一歲之計在於春，一生之計在於勤。」

「一日之計在於晨，一歲之計在於春，一生之計在於勤。」就整體而言，是排比、層遞；就部分而言，是類疊。間隔使用相同的「一」、「之」、「之於」，屬於類疊中的類字。就整體形式而言，是排比；就整體內容而言，是層遞。「一日」、「一歲」、「一生」，就內容而言，三者比較，屬於層遞中的遞升。至於內容、形式的區別，可以參閱黃師慶萱《修辭學》，三民書局印行，前二十章是內容，後十章則是形式，惟筆者將「譬喻」歸為形式，「層遞」歸為內容，二者觀點不同，其餘皆相同。從形式上看，文言文中有「如」、「若」、「猶」，含有「好像」之意，皆是譬喻。看白話中有「好像」、「像」，除屬於舉例說明性質的假喻外，其餘皆是譬喻。從內容上，凡是二者正反對比，屬於映襯；凡是三者互相比較，則是層遞。辨析修辭格的原則，就內容而言，從形式而言，屬於較難的部分，平常不必教學生，對於國文造詣較高，且勤學好問的學生，才因材施教。

命單選題有兩種方式：㈠是「一日之計在於晨，一歲之計在於春，一生之計在於勤。」就部分而言，屬於下列何種修辭手法？⑴排比⑵對偶⑶層遞⑷類疊。答案是⑷。㈡是「一日之計在於晨，一歲之計在於春，一生之計在於勤。」除運用排比修辭技巧外，尚運用下列何種修辭方式？⑴層遞⑵類疊⑶對偶⑷譬喻。答案是⑴。

命多選題有兩種方式：㈠是「一日之計在於晨，一歲之計在於春，一生之計在於勤。」運用下列那些修辭方法？⑴排比⑵層遞⑶譬喻⑷類疊。答案是⑴⑵⑷。㈡是「一日之計在於晨，一歲之計在於春，一生之計在於勤。」就整體而言，運用下列那些修辭格？⑴對偶⑵排比⑶類疊⑷層遞。答案是⑵⑷。

又如連橫〈臺灣通史序〉云：

> 顧修史固難，修臺之史更難，以今日修之尤難，何也？斷簡殘編，蒐羅匪易；郭公夏五，疑信相參；則徵文難。

就整體而言，是設問中的提問。就「顧修史固難，修臺之史更難，以今日修之尤難」而言，是層遞。「固難」、「更難」、「尤難」，是層遞中的遞升。就間隔使用「難」字三次，是類疊中的類字。就「斷簡殘編」而言，是對偶中的當句對。

因此，命單選題有四種方式：㈠是「顧修史固難，修臺之史更難，以今日修之尤難，何也？斷簡殘編，蒐羅匪易；郭公夏五，疑信相參；則徵文難。」就整體而言，運用下列何種修辭技巧？⑴層遞⑵對偶⑶設問⑷類疊。答案是⑶。㈡是「顧修史固難，修臺之史更難，以今日修之尤難」，就整體而言，屬於下列何種修辭手法？⑴對偶⑵層遞⑶類疊⑷示現。答案是⑵。㈢是「顧修史固難，修臺之史更難，以今日修之尤難」，就部分而言，運用下列何種修辭方式？⑴層遞⑵示現⑶對偶⑷類疊。答案是⑷。㈣是「斷簡殘編」，屬於下列何種修辭方法？⑴類疊⑵排比⑶對偶⑷層遞。答案是⑶。命多選題，如「顧修史固難，修臺之史更難，以今日修之尤難」，運用下列那些修辭格？⑴對偶⑵層遞⑶示現⑷類疊。答案是⑵⑷。

又如何仲英〈享福與吃苦〉云：

享福不為福，吃苦不為苦。

就整體而言，是排比；就部分而言，是映襯、類疊、對偶。「享福」與「吃苦」、「福」與「苦」，皆是正反對比的映襯。間隔使用相同的「不爲」兩次，是類疊中的類字。「享福」對「吃苦」、「福」對「苦」，皆是對偶。

因此，命單選題有四種方式：㈠是「享福不爲福，吃苦不爲苦」，就整體而言，運用下列何種修辭手法？⑴排比⑵對偶⑶映襯⑷類疊。答案是⑴。㈡是「享福不爲福，吃苦不爲苦」，就部分而言，除運用對偶、類疊外，尚運用下列何種修辭方式？⑴排比⑵示現⑶映襯⑷層遞。答案是⑶。㈢是「享福不爲福，吃苦不爲苦」，就部分而言，除運用類疊、映襯外，還運用下列何種修辭技巧？⑴示現⑵排比⑶頂針⑷對偶。答案是⑷。㈣是「享福不爲福，吃苦不爲苦」，除運用對偶、映襯外，尙運用下列何種方法？⑴類疊⑵排比⑶頂針⑷示現。答案是⑴。

命多選題有兩種方式：㈠是「享福不爲福，吃苦不爲苦」，運用下列那些修辭技巧？⑴對偶⑵排比⑶類疊⑷映襯。答案是⑴⑵⑶⑷。㈡是「享福不爲福，吃苦不爲苦」，就部分而言，運用下列那些修辭方法？⑴映襯⑵排比⑶對偶⑷類疊。答案是⑴⑶⑷。

八十七學年度大學入學考試國文試題，在多重選擇題中，有關修辭學命題有兩道：

㈠是「喝酒不開車，開車不喝酒」，這句標語的結構，是以上相同的文字改換次序而形成下句。下列文句中，同樣具有此種結構的選項是：⑴詩中有畫，畫中有詩⑵信言不美，美言不信⑶我泥中有你，你泥中有我⑷君子周而不比，小人比而不周⑸月光戀愛著海洋，海洋戀愛著月光。答案是⑴⑵⑶⑸。

「喝酒不開車，開車不喝酒」，上下句有兩種特色：㈠是上句尾末與下句開頭都用「開車」的頂針，㈡是開頭與末尾都用「喝酒」。全句修辭技巧，大陸學者認爲是回環，臺灣學者則以爲是寬式回文。聰明的學生根據上下句兩種特色，也可以找到答案，但知其當然而不一定知其所以然。

㈡是「甲、和風細雨兆豐年，乙、白雪銀枝辭舊歲，丙、日麗風和門庭有喜，丁、月圓花好家室咸宜。以上四句爲兩副對聯，依據一般對聯的形式，下列敍述正確的選項是：⑴甲乙爲一副春聯，甲爲上聯，乙爲下聯⑵甲乙爲一副春聯，乙爲上聯，甲爲下聯⑶丙丁爲一副賀新婚聯，丁爲上聯，丙爲下聯⑷丙丁爲一副賀新婚聯，丙爲上聯，丁爲下聯⑸丙丁爲一副賀新居聯，丙爲上聯，丁爲下聯。答案是⑵⑷。

對聯有三個特點：㈠是平仄協調，但一三五不論，二四六分明；㈡是詞性相同；㈢是上聯末字係仄聲，下聯末字則爲平聲。分辨⑴⑵或⑶⑷何者是正確答案？依照特點㈢三，即可找到正確答案。至於「月圓花好」，是賀新婚的詞語。「對偶」與「對聯」，是有區別。「對偶」沒有第三特點的限制，比較自由、比較放寬。

㈢能力的教學目標

修辭教學也可以運用在訓詁、造句、作文三方面，這是修辭的能力教學目標。修辭應用在訓詁上，包括字義、詞義、句義的教學，這是修辭義。

1、修辭運用在訓詁上

修辭應用在訓詁上，不止有字義教學，如方苞〈左忠毅公軼事〉云：

公閱畢，即解貂覆生

此言左光斗看完史可法的文稿，就脫下貂裘覆蓋在史可法這位書生的身上，表示很關心、很照顧。「貂」是「貂裘」的質料，這是以事物的質料代替事物的借代。

又如柳宗元〈始得西山宴遊記〉云：

縈青繚白，外與天際，四望如一。

此言西山有山有雲有水，天連山，山連天。青，是山的特徵。白，是雲的特徵，也是水的特徵。因此，「青」解釋爲「山」，「白」解釋爲「雲」或「水」，皆是以事物的特徵代替事物的借代。

尚有詞義教學，如歐陽修〈醉翁亭記〉云：

蒼顏白髮，頹然乎其間者，太守醉也。

此言歐陽修喝醉了，睡在客人中間。「蒼顏」，是老人的特徵，「白髮」也是老人的特徵，這是以人的特徵代替人的借代。

又如連橫〈臺灣通史序〉云：

私家收拾，半付祝融。

此言個人藏書，大半被火燒燬。「祝融」，是火神，這是以事物的作者代替事物的借代。

又如孫文〈黃花岡烈士事略序〉云：

如史載田橫事，雖以史遷之善傳游俠，亦不能為五百人立傳，滋可痛已！

此言司馬遷雖善於爲游俠作傳，但都無法替五百人立傳。「史遷」，係「太史公司馬遷」的節縮，屬於節縮的修辭技巧。

又如范仲淹〈岳陽樓記〉云：

沙鷗翔集，錦鱗游泳。

此言沙鷗時而飛翔時而棲息，魚兒有時浮游有時潛泳。「錦鱗」，是「錦魚」的一部分，這是以部分代替全體的借代。

又如蘇軾〈赤壁賦〉云：

桂棹兮蘭槳，擊空明兮泝流光。

「空明」，意謂月映水中。「空明」，是抽象的；「月映水中」，是具體的；這是抽象代替具體的借代。

又有句義教學，如歸有光〈項脊軒志〉云：

三五之夜，明月半牆，桂影斑駁，風移影動，珊珊可愛。

此言農曆每月十五日夜晚的景色。「三五之夜」，是析數中的乘法。三乘五等於十五。又如《詩經・蓼莪》云：

父兮生我，母兮鞠我。

此言父母生我、養我。全句當作「父（母）兮生我，（父）母兮鞠我。」這是互文。「父兮」省略「母」字，是探下省略；「母兮」省略「父」字，則為承上省略。

又如魏徵〈諫太宗十思疏〉云：

求木之長者，必固其根本；欲流之遠者，必浚其泉源；思國之安者，必積其德義。

全句是倒裝式的譬喻。全句當作「思國之安者，必積其德義，（如）求木之長者，必固其根本；欲流之遠者，必浚其泉源。」這是譬喻中的略喻。將「國」比方作「木」、「流」，把「德義」比方作「根本」、「泉源」。

又如蘇洵〈六國論〉云：

以地事秦，猶抱薪救火，薪不盡，火不滅。

全句是譬喻中的詳喻。「以地事秦」，是喻體。「猶」，是喻詞。「抱薪救火」，是喻依。

「薪不盡，火不滅」，是喻旨，也叫意旨，又叫喻解，解釋「以地事秦，猶抱薪救火」的眞義。

又如陳之藩〈失根的蘭花〉云：

古人說，人生如萍，在水上亂流。

全句是譬喻中的詳喻。「人生」，是喻體。「如」，是喻詞。「萍」，是喻依。「在水上亂流」，是喻旨，闡述「人生如萍」的眞諦。

2、修辭運用在造句上

修辭運用在造句上，這是語文訓練的主要教學目標。造句是作文的前奏曲，造句造得很好，作文自然作得很好。修辭運用在造句上，如陳之藩〈哲學家皇帝〉云：

人生是一奮鬥的戰場
到處充滿了血滴與火光
不要作一甘受宰割的牛羊
在戰鬥中，要精神煥發，要步伐昂揚

朗法羅將「人生」比方作「戰場」，人生要容光煥發，要精神抖擻，要努力奮鬥，不怕艱辛，不懼挫折。「人生」，是喻體。「是」，含有「好像」之意，係喻詞。「到處充滿了血滴與火光／不要作一甘受宰割的牛羊／在戰鬥中，要精神煥發，要步伐昂揚」，是喻旨，也叫喻解，又叫意旨。陳之藩在〈失根的蘭花〉中，將「人生」比方作「絮」，他說：「人生如絮，飄零在萬紫千紅的春天。」我們對「人生」有不同的體悟，創作內容因之而異，如人生很快樂，可以把「人生」比方作「美酒」，寫成「人生如一杯清醇芳香的美酒」；人生十分痛苦，可以將「人生」比方作「咖啡」，寫作「人生如一杯不加奶精、冰糖的咖啡」。形容「人生」的短促，可以用「朝露」、「白駒過隙」、「南柯一夢」、「曇花一現」來比喻。

古今中外的散文、詩歌、小說多半運用譬喻的修辭技巧，使詞句更美妙、內容更豐贍，因此國文教師可以讓學生自由練習，以激發學生的創造力。如以「愛」為題，可以創造很多譬喻方式的句子：「愛像沙發，可靠。」、「愛像牙刷，不能與人共用。」、「愛像火鍋，強強滾。」、「愛像火車，不可出軌。」、「愛像泥鰍，很會溜走。」、「愛像春蠶，到死絲方盡。」、「愛像迷宮，令人失去方向。」、「愛像紅綠燈，該停就停。」、「愛像打火石，觸擊才有火花。」、「愛像馬拉松，看誰的耐力最久。」、「愛像千斤頂，給你支撐的力量。」、「愛像萬花筒，多采多姿。」、「愛像汽水，淺嘗則清涼可口，喝多則索然無味。」、「愛像統一發票，帶給你希望。」、「愛像撒隆巴斯，不可倒貼」、「愛像民歌，娓娓唱來，總是委婉動人。」「愛像一匹脫韁野馬，一開始奔跑，便不容易停止。」

又如以「導師」為題，也可以創造很多譬喻方式的美妙句子：「導師像殺蟲劑，輕輕一噴，學生身上的懶蟲都死光光。」、「導師像收音機，一按下上課開關，就會講個不停。」、「導師像一臺提款機，讓我們提取他的知識。」、「導師像一本活字典，可以讓我們查詢解惑，但永遠也查不到『懶惰』兩個字。」、「導師像一輛穩重的火車頭，帶領著易脫軌的我們走向正確的道路。」、「導師像方向盤，會導正我們錯誤的方向。」、「導師像交通標誌，具有警告、指示的功用。」、「導師像紅綠燈，教導我們明辨是非，何時該停，何時該前進。」、「導師像消音器，一到教室，全班鴉雀無聲。」、「導師像保鮮膜，緊緊保護我們，免於汚染。」、「導師像馬戲團馴獸師，既嚴格，又有趣。」

又如梁啓超〈敬業與樂業〉云：

敬業即是責任心，樂業即是趣味。

這是排比句法。《戰爭與和平》作者托爾斯泰也有一句至理名言：「決心就是力量，信心就是成功。」美國教育家杜威說：「人生即教育，教育即生活。」這些格言佳句，皆有異曲同工之妙。我們也可以說：「人生就是奮鬥，奮鬥就是人生。」古今中外偉人豈不是經過千艱萬苦奮鬥出來的嗎？天下沒有白吃的午餐，惟有「流汗的耕耘，才有歡呼的收穫」，因此陳之藩〈謝天〉說：「要滴下眉毛上的汗珠，才能撿起田中的麥穗。」古人也有「吾心即宇宙，宇宙即吾心」，這不止是排比句法，也是頂針，又是回文。排比句法除上下兩句外，尚有三句、四句，以三句爲最多，如「富貴不能淫，貧賤不能移，威武不能屈」，又如「智者不惑，仁者不憂，勇者不懼」，皆是三句的排比。

3、修辭運用在作文上

修辭理論可以運用在作文上，「引用」的修辭技巧運用在文章的開頭，如荀子〈勸學〉云：

> 君子曰：「學不可以已。」青，取之於藍，而青於藍；冰，水為之，而寒於水。

此言學無止境。學生肯努力用功，有可能「青出於藍而勝於藍」的現象。荀子引用「君子」之言，闡述「活到老，學到老，學不了」的道理。「引用」也可以運用在文章中間各段，如連橫〈臺灣通史序〉云：

> 凡文化之國，未有不重其史者也。古人有言：「國可滅而史不可滅。」

作者引用古人之言，印證「史」的重要性。「史」，是民族的精神，人羣的龜鑑。時代的盛衰，世俗的文野，政治的得失，萬物的盈虛，皆記載在史書上。又如陳之藩〈哲學家皇帝〉云：

愛因斯坦說：「專家還不是訓練有素的狗？」這話並不是偶然而發的，多少專家都是人事不知的狗，這種現象是會窒死一個文化的。

作者引用愛因斯坦的話語，闡述專家必須要有人文的素養。一般專家但見樹木，不見森林，對於人情世故毫無所悉，殊不知「世事洞明皆學問，人情練達亦文章」，因此，最好的專家必須具有人文的素養。

又如何仲英〈享福與吃苦〉云：

以吃苦始者，多以享福終；吃一己之苦者，享一己之福；吃眾人之苦者，享眾人之福；真正會享福者，先要備嘗艱苦，而後苦盡甘來，始有滋事。孟子說：「人之有德、慧、術、知者，恆存乎疢疾。獨孤臣孽子，其操心也危，其慮患也深，故達。」

作者引用孟子之言，印證「苦盡甘來」的眞諦。吃苦是磨鍊意志的最好機會，也是鼓勵不怕辛苦的最好方法。又如梁實秋〈舊〉云：

俗語說：「人不如故，衣不如新。」其實，衣著之類還是舊的舒適。新裝上身之後，東也不敢坐，西不敢靠，戰戰兢兢。

作者引用俗語之言，闡述舊的衣服比較舒適，新的衣服會令人戰戰兢兢，因此「衣不如新」這句話不一定完全正確。「引用」運用在文章結尾者，不乏其例，如范仲淹〈岳陽樓記〉云：

居廟堂之高，則憂其民；處江湖之遠，則憂其君。是進亦憂，退亦憂；然則何時而樂耶？其必曰：「先天下之憂而憂，後天下之樂而樂」乎！

作者引用孟子之言，印證「先憂後樂」的道理。作者憂國憂民的情懷，躍然於字裡行間。

又如甘績瑞〈從今天起〉云：

古人說：「從前種種，譬如昨日死；以後種種，譬如今日生。」這句話中間，我們應當注意「昨日死」、「今日生」六個字。壞的我，在昨天已經死了，從今天起，便不再做壞事；好的我，今天才生，從今天起，就要做好事。

作者引用明朝袁黃〈了凡四訓〉的名言，闡述該做好事立刻努力去做，不該做壞事立刻停止去做。

文章開頭、中間、結尾除運用引用方法外，尚可以運用層遞方法，如豐子愷〈漸〉第一段云：

因為其變更是漸進的，一年一年地，一月一月地，一日一日地，一時一時地，一分一分地，一秒一秒地漸進，猶如從斜度極緩的長遠的山陂上走下來，使人不察其遞降的痕跡，不見其各階段的境界，而似乎覺得常在同樣的地位，恆久不變，又無時不有生的意趣與價值，於是人生就被確實肯定，而圓滑進行了。

此言人生圓滑進行是逐漸的，由一年、一月、一日、一時、一分、一秒地漸進。

又如潘公弼〈報紙的言論〉第一段云：

請看世界上文明國家政治演進的途徑，最初總是帝王政治，進一步則為議會政治，更進一步則為輿論政治。

作者闡述世界上文明國家政治演進的途徑，由帝王政治，再到議會政治、輿論政治，這是層遞的方法，作爲文章的開頭。

又鄭板橋〈寄弟墨書〉第二段云：

農夫上者種地百畝，其次七八十畝，其次五六十畝，皆苦其身，勤其力，耕種收穫，以養天下之人。

此言農夫勤勞耕種，以養天下之人。「百畝」、「七八十畝」、「五六十畝」，是運用層遞中的遞降。

此外，同時運用引用、層遞於文章開頭者，如李文炤〈勤訓〉云：

治生之道，莫尚乎勤，故邵子云：「一日之計在於晨，一歲之計在於春，一生之計在於勤。」言雖近而旨則遠矣。

作者先引用邵雍的名言，闡述「勤」的重要性。「一日」、「一歲」、「一生」，是運用層遞中的遞升。其實，「一日之計在於晨，一歲之計在於春，一生之計在於勤。」不止是層遞，還有排比、類疊。「言雖近而旨則遠」，是對偶中的當句對。

又有運用譬喻在作文上，如鄭愁予〈錯誤〉云：

我打江南走過
那等待季節裡的容顏如蓮花的開落

第一段運用譬喻中的明喻。「那等待季節裡的容顏」，是喻體。「如」，是喻詞。「蓮花的開落」，是喻依。第二段云：

東風不來，三月的柳絮不飛
你底心如小小的寂寞的城
恰如青石的街道向晚
跫音不響，三月的春帷不揭
你底心是小小的窗扉緊掩

「你底心如小小的寂寞的城，恰如青石的街道向晚」，這是譬喻中的博喻。「你底心」，是喻體。「如」、「恰如」，皆是喻詞。「小小的寂寞的城」、「青石的街道向晚」，皆是喻依。運用喻詞、喻依，屬於明喻組成的博喻。「你底心是小小的窗扉緊掩」，是譬喻中的隱喻。「你底心」，是喻體。「是」，含有「好像」之意，係喻詞。「小小的窗扉緊掩」，是喻依。

又如張養浩〈山坡羊・潼關懷古〉云：「峯巒如聚，波濤如怒。」這也是運用譬喻方式作爲文章的開頭。

㈣情意的教學目標

修辭的情意教學目標有二：㈠是修辭的功用，㈡是修辭的鑑賞。修辭的功用，由於修辭技巧的不同，其功用隨之而異。

1、修辭的功用

修辭的功用甚多，茲舉犖犖大者，如陳之藩〈哲學家皇帝〉云：

晚風襲來，湖水清澈如鏡，青山恬淡如詩，我的思想也逐漸澄明而寧靜。

「清澈如鏡」，是譬喻中的明喻。「清澈如鏡」，是形容湖水非常清澈，可以見到底，好像一面鏡子一樣，可以看清楚各種事物。「清澈」，本是抽象的、平淡的，用「鏡」來比方，使文章更具體、更生動。「恬淡如詩」，也是譬喻中的明喻。「恬淡如詩」，是形容青山十分恬淡，好像富有詩意，使文章更美妙、更精巧。

又如杜甫〈贈衞八處士〉云：

人生不相見，動如參與商。

「人生不相見」，是因爲人的走動沒有固定的蹤跡，作者以「參、商」二星作比方，使抽象的變爲更具體，因此譬喻可以化未知爲已知。

又如荀子〈勸學〉云：

不登高山，不知天之高也；不臨深谿，不知地之厚也；不聞先王之遺言，不知學問之大也。

全句是譬喻中的略喻。全句當作「不聞先王之遺言，不知學問之大也，（如）不登高山，不知天之高也；不臨深谿，不知地之厚也。」「不聞先王之遺言，不知學問之大也」，是喻體。「如」，是喻詞，省略。「不登高山，不知天之高也」、「不臨深谿，不知地之厚也」，皆是喻依。「不聞先王之遺言，不知學問之大也」，既抽象，又深奥，運用「不登高山，不知天之高也」、「不臨深谿，不知地之厚也」兩種比方，使深奥的事理變得更淺顯、抽象的事理變得更具體。又如孫文〈黃花岡烈士事略序〉云：

然是役也，碧血橫飛，浩氣四塞，草木為之含悲，風雲因而變色。

「草木爲之含悲，風雲因而變色」，既是物象的誇飾，又是錯綜，也是對偶。就內容而言，是物象的誇飾。就形式而言，「爲之」與「因而」是錯綜；「草木」對「風雲」、「爲之」對「因而」、「含悲」對「變色」，是對偶中的單句對。就物象的誇飾而言，既可以使黃花岡之役的特徵更凸出，又可以引起讀者的聯想、深思和共鳴，更可以表達作者强烈的情感，用來歌頌黃花岡之役，以感染讀者。

又如錢公輔〈義田記〉云：

晏子曰：「自臣之貴，父之族，無不乘車者；母之族，無不足於衣食者；妻之族，無凍餒者；齊國之士，待臣而舉火者三百餘人。」

晏子資助，由親而疏，先父族、母族、妻族，後齊國之士，這是運用層遞的方法；旨在使思想情感步步强烈，將情感思想發揮得盡致，以增强文章的感染力。

又如李文炤〈勤訓〉云：

以之為農，則不能深耕而易耨；以之為工，則不能計日而效功；以之為商，則不能乘時而利；以之為士，則不能篤志而力行。

此言農、工、商、士，若是好逸惡勞，則一事無成。全句運用排比方法，結構整齊，句法相似，音韻鏗鏘，使文章具有節奏感、音樂感，以加强文章的氣勢，增加文章的感染力。

2、修辭的鑑賞

修辭的鑑賞，必須深入探討，才得洞悉修辭的美妙，如丘遲〈與陳伯之書〉云：

將軍魚游於沸鼎之中，燕巢於飛幕之上，不亦惑乎？

此言陳伯之將軍處境的危急險惡。全句當作「將軍處境之危急險惡，（如）魚游於沸鼎之中，燕巢於飛幕之上，不亦惑乎？」「魚游於沸鼎之中」，源於《後漢書・張綱傳》：「相聚偷生若魚游釜中，喘息須臾間耳。」「燕巢於飛幕之上」，出自《左傳・襄公二十九年》云：「季札曰：『夫子之在此也，猶燕之巢於幕上。』」由此可知，一個成功的譬喩，多半於文學傳統、文化傳統中被沿用，使得文章內容更充實，表達方式更多樣化。

又如劉鶚〈明湖居聽書〉云：

（王小玉）瓜子臉兒，白淨面皮，……方抬起頭來，向臺下一盼。那雙眼睛，如秋水，如寒星，如寶珠，如白水銀裡頭養著兩丸黑水銀。

「那雙眼睛，如秋水，如寒星，如寶珠，如白水銀裡頭養著兩丸黑水銀。」「那雙眼睛」，是喩體。「如」，是喩詞。「秋水」、「寒星」、「寶珠」、「白水銀裡頭養著兩丸黑水銀」，皆是喩依。全句是四個明喩組成的博喩。作者用「秋水」，來形容眼睛非常亮麗清澈；用「寒星」，來形容眼睛極爲晶瑩剔透，炯炯有神；用「寶珠」，來形容眼睛十分明亮閃爍，光彩迷人；用「白水銀裡頭養著兩丸黑水銀」，來形容眼睛十分生動，非常靈活。作者運用四個喩依，形容王小玉漂亮的眼睛，不止使美目盼兮的眞貌呈現出來，也增強多層的文意，更加强文章的氣勢。

又如鄭愁予〈錯誤〉云：

我達達的馬蹄是美麗的錯誤
我不是歸人，是個過客

「美麗的錯誤」，是映襯的反襯。「錯誤」，本來是不好的，但作者卻用「美麗」來形容，使文章從矛盾中，透視鮮明的對比。「美麗的錯誤」，既是全詩的主題，又是全詩的詩眼，眞是緊扣主題，目標明確。又如朱自清〈匆匆〉云：

燕子去了，有再來的時候；楊柳枯了，有再青的時候；桃花謝了，有再開的時候。但是，聰明的，你告訴我，我們的日子為什麼一去不復返呢？

此言光陰似箭，日月如梭，時光一去不復返。「光陰似箭，日月如梭」，就整體而言，是對偶中的單句對。就部分而言，是兩句譬喻中的明喻，既有內容美，又有形式美。但是，再美的格言佳句，用久了，就成陳腔濫調。因此，作者運用燕子的往返、楊柳的青枯、桃花的開落，闡述「光陰似箭，日月如梭」的具體景象。修辭必須深入分析，才能鑑賞文章的奧祕。「燕子去了，有再來的時候；楊柳枯了，有再青的時候；桃花謝了，有再開的時候。」全句就整體而言，是排比。就部分而言，「燕子去了，有再來的時候。」是映襯；「去」與「來」，是正反對比。「楊柳枯了，有再青的時候。」也是映襯；「枯」與「青」，也是正反對比。「桃花謝了，有再開的時候。」也是映襯；「謝」與「開」，也是正反對比。

(五)結語

修辭的認知的教學目標、能力的教學目標、情意的教學目標，比教育部頒布《文法與修辭》的教學目標，更具體、更明確，可供未來教育部修訂《文法與修辭》課程標準之參考。

第二節　從比較法談修辭教學

(一)前言

考試領導教學，這是目前中學國文教學的最大通病；修辭教學也是如此。考試只考詞句運用何種修辭格？修辭教學本來可以輔助作文教學；但由於考試領導教學，使修辭教學只是表面上的教學，無法發揮修辭教學的實際功能。

修辭教學可以引導學生如何寫好作文？如何造好句子？本文囿於篇幅，僅以比較法，將原來詞句與一般詞句做比較，闡析修辭之美何在，並作活用練習，讓學生練習造句。因此，從比較法談修辭教學，既可以使學生洞悉修辭之美，又可以使學生學以致用，造好句子。本文以國中、高中國文課本的例子爲經，修辭格爲緯，加以詮證。

(二)國中修辭教學

國中修辭教學，依照國中國文課本，到第五冊才有修辭教學，其實有些老師在第一冊中，就已經從事修辭教學，因此，八十五學年新編國中國文應該參考香港語文②課本，每冊皆教修辭③。

目前國中國文第五冊列有十種修辭格：感嘆、設問、摹寫、引用、誇飾、譬喻、轉化、映襯、倒反、對偶。在國中國文教師手冊增列五種修辭格：類疊、對偶、排比、層遞、頂眞（也叫頂針）。茲就國中國文課本，列舉其中幾種修辭技巧，以比較方式，加以闡論。例如宋晶宜〈雅量〉：

朋友買了一件衣料，綠色的底子帶白色方格，當她拿給我們看時，一位對圍棋十分感興趣的同學說：

「啊，好像棋盤似的。」

「我看倒有點像稿紙。」我說。

「真像一塊塊綠豆糕。」一位外號叫「大食客」的同學緊接著說。

我們不禁哄堂大笑，同樣的一件衣料，每個人都有不同的感覺。那位朋友連忙把衣料用紙包好，她覺得衣料就是衣料，不是棋盤，也不是稿紙，更不是綠豆糕。

人人的欣賞觀點不盡相同，那是和個人的性格與生活環境有關。這段話用來闡述從比較法談修辭教學，是最佳的印證。一般人作文多半是像作者的朋友所說：「衣料就是衣料。」作文倘若以記流水帳方式來寫作，難免枯燥乏味，至少可以運用形容詞，如作者所形容的「綠色的底子帶白色方格」，比較雅麗。若能綜合運用，那就更美妙了；例如：綠色底子帶白色方格的衣料，好像棋盤，也像稿紙，又像一塊塊綠豆糕。就下棋而言，衣料像棋盤；就寫作而言，衣料像稿紙；就飲食而言，衣料像一塊塊綠豆糕。將衣料運用三種譬喻手法來描述，可以使所刻畫事物的形象，更鮮明、更生動、更具體，給人十分深刻的印象。

活用練習：（　　　）的衣料好像（　　　）。

參考答案㈠：（綠底帶白色方格）的衣料好像（小楷練習簿）。

參考答案(二)：（綠底帶白色方格）的衣料好像（我家的圍牆）。

（這種譬喻，就書法而言。）

（這種譬喻，就建築而言。）

如朱自清〈背影〉：

他（指作者的父親）囑我路上小心，夜裡要警醒些，不要受涼；又囑託茶房好好照應我。我心裡暗笑他的迂，他們只認得錢，託他們真是白託；而且我這樣大年紀的人，難道還不能料理自己麼？唉！我現在想想，那時真是太聰明了！

這段描繪作者的父親照顧子女，無微不至，作者當時卻無法體認，事後才幡然大悟。「我這樣大年紀的人，難道還不能料理自己麼？」這是運用「設問」的修辭技巧④。作者運用「設問」的目的，在於加强語氣，把意思表達得更强烈。一般作文，多半是這樣寫的：「我這樣大年紀的人，一定可以照顧自己。」肯定句比較平淡。「文如看山不喜平」，因此作者運用「設問」，使文章更有韻味。

活用練習：我（　　　）的人，難道（　　　）嗎？

參考答案㈠：我（已經不惑之年）的人，難道（還不能照顧自己）嗎？

參考答案㈡：我（將近耳順之年）的人，難道（還要別人關注我）嗎？

「唉！我現在想想，那時眞是太聰明了！」這是描述作者自作聰明，其實「笨到極點」。「太聰明」，是「太愚笨」的「倒反」。⑤作者運用「倒反」，會有自我反省、諷刺的意味，以製造幽默風趣的氣氛，表達自己羞澀的感情。一般作文，多半是這樣寫的：「唉！我現在想一想，那時眞是非常愚蠢。」正面描繪固然沒錯，但文章平淡無奇。

活用練習：唉！我現在（　　　　），那時（　　　　）！

參考答案㈠：唉！我現在（仔細想想），那時（簡直聰明到了極點）！

參考答案㈡：唉！我現在（靜下心來想一想），那時（真是萬分聰穎）！

又如胡適〈差不多先生傳〉：

他（指差不多先生）小的時候，他媽媽叫他去買紅糖，他買了白糖回來。他媽罵他，他搖搖頭道：「紅糖同白糖，不是差不多嗎？」

這段話描繪差不多先生認爲紅糖和白糖都是糖，沒有多大區別；其實，同樣是糖，只是顏色不同。「紅糖同白糖，不是差不多嗎？」這是「設問」的修辭手法。一般作文，多半是這樣寫的：「紅糖和白糖，是差不多。」用肯定句，語氣比較平淡乏味。作者運用「設問」的修辭技巧，比較耐人尋味；既可以加强語氣，又可以表達得更强烈，吸引讀者，引起讀者的共鳴。

活用練習：（　　　　），不是差不多嗎？

參考答案(一)：（中醫跟西醫），不是差不多嗎？

參考答案(二)：（教師跟律師、會計師同建築師），不是差不多嗎？

又如劉禹錫〈陋室銘〉：

> 無絲竹之亂耳，無案牘之勞形。南陽諸葛廬，西蜀子雲亭。孔子云：「何陋之有？」

這段話描繪房子雖然簡陋，但君子居之，何陋之有？室不在雅，有德則馨，如山不在高，有仙則名；水不在深，有龍則靈。孔子云：「何陋之有？」就部分形式而言，「何陋之有」，是運用「設問」的修辭技巧。就整體形式而言，孔子云：「何陋之有？」是運用「引用」的修辭手法。就整體內容而言，是運用「藏詞」的修辭方式：全句當作「孔子云：『（君子居之，）何陋之有？』」「君子居之」，是屬「藏詞」中的「藏腹」。⑥原文係子曰：「君子居之，何陋之有？」見於《論語・子罕》。一般作文，多半是這樣寫的：孔子云：「君子居之，何陋之有？」全引原文固然沒錯，但將「君子居之」隱藏，這是運用「藏詞」的修辭技巧，使文章更有韻味。

活用練習：我已是（　　　）之年，但在（　　　）上，毫無成就，眞是（　　　）。

參考答案㈠：我已是（不惑）之年，但在（學業）上，毫無成就，眞是（慚愧萬分）。

（「四十而不惑」，「不惑」是指「四十」，這是「藏詞」。）

參考答案㈡：我已是（耳順）之年，但在（事業）上，毫無成就，眞是（慚愧極了）。

（「六十而耳順」，「耳順」是指六十，這是「藏詞」。）

又如梁啓超〈敬業與樂業〉：

孔子說：「知之者不如好之者，好之者不如樂之者。」人生能從自己職業中領略出趣味，生活才有價值。

作者引用孔子的名言，闡述樂在工作，生活才有意義。就整體形式而言，孔子說：「知之者不如好之者，好之者不如樂之者。」是運用「引用」的修辭方式。就部分內容而言，「知之者不如好之者，好之者不如樂之者」，是運用「層遞」的修辭技巧。一般作文，只是敍述，很少引用。作者引用孔子的金玉良言，既可以使語文簡潔凝煉，含蓄典雅，又可以使論據確鑿，增加文章的說服力。

活用練習：（　　　）說：「　　　」（　　　），（　　　）不可偏廢（　　　）。

參考答案㈠：（孔子）說：「學而不思則罔，思而不學則殆。」（學與思必須並重），（因此）不可偏廢（其中之一）。

參考答案㈡：（《荀子・勸學》）說：「吾嘗終日而思矣，不如須臾之所學也。」（雖然學比思重要），（但是也）不可偏廢（思考）。

又如夏承楹〈運動最補〉：

我相信使我支持得了每週七天，每天八小時工作的主要原因是運動。人對自己的身體健康雖不必時時膽戰心驚，疑神疑鬼，也不可「恃强拒補」，妄充硬漢。故此我要在「藥補不如食補」之後加上一句：「食補不如運動補」。

這段話强調運動的重要。「藥補不如食補，食補不如運動補」，就整體內容而言，是運用「層遞」的修辭手法。一般作文，多半是這樣寫的：「藥補」、「食補」都沒有益處，只有運動才有益處。作者運用「層遞」的修辭技巧，可以把「運動的重要」論點闡述得更嚴密、更透徹、更精闢，使讀者的認識，層層深化，對所表達的事理產生强烈深刻的印象。

活用練習：「　　　　」由此可見，（　　　）的重要。

參考答案㈠：「天時不如地利，地利不如人和。」由此可見，（人和）的重要。

參考答案㈡：「强國必先强種，强種必先强身。」由此可見，（强身）的重要。

國中修辭教學列舉譬喻、設問、倒反、引用、藏詞、層遞等六種修辭格，其中譬喻、設問、倒反、引用等四種修辭技巧是國中國文課本所列，層遞是國中國文教師手冊所列，藏詞是課外的。除闡述各種修辭的作用外，並列舉一般作文的詞句，以資比較。此外，尚有活用練習，可以練習造好句子。

㈢高中修辭教學

高中修辭教學在《高級中學文法與修辭》中，列有二十一種修辭格：感嘆、設問、引用、轉品、誇飾、譬喻、借代、轉化、映襯、雙關、示現、呼告、類疊、鑲嵌、對偶、排比、層遞、頂針、回文、錯綜、跳脫。茲就高中國文課本，列舉其中幾種修辭手法，以比較方式加以闡析。例如柳宗元《始得西山宴遊記》：

> 日與其徒上高山，入深林，窮迴谿；幽泉怪石，無遠不到。到則披草而坐；傾壺而醉，醉則更相枕以臥，臥而夢。意有所極，夢亦同趣。覺而起，起而歸。

這段話描述作者到永州的西山，遊山玩水的概況。「幽泉怪石，無遠不到。到則披草而坐；傾壺而醉，醉則更相枕以臥，臥而夢。……覺而起，起而歸。」把上一句結尾的詞語作為下一句開頭的詞，有「到」、「醉」、「臥」、「起」四個字，因此這是運用「頂針」（又叫「頂眞」）的修辭技巧，旨在反映動作之間的連貫性，產生上下文互扣的效果，既可以使文章結構嚴密，條理淸楚，又可以使語氣連貫，音律流暢。一般作文不曉得運用「頂針」的修辭技巧，只是平鋪直敍而已。

活用練習：到（　　　　）遊玩，既可以觀賞（　　　　），（　　　　）眞美，美不勝收；又可以欣賞（　　　　），（　　　　）屹立不搖，好像鐵漢。

參考答案㈠：到（阿里山）遊玩，既可以觀賞（日出），（日出）眞美，美不勝收；又可以欣賞（神木），（神木）屹立不搖，好像鐵漢。

參考答案㈡：到（陽明山）遊玩，既可以觀賞（櫻花），（櫻花）眞美，美不勝收；又可以欣賞（山峯），（山峯）屹立不搖，好像鐵漢。

又如范仲淹〈岳陽樓記〉：

銜遠山，呑長江，浩浩湯湯，橫無際涯；朝暉夕陰，氣象萬千；此則岳陽樓之大觀也，前人之述備矣！

這段話描繪岳陽樓雄偉壯麗的景色。「朝暉夕陰」，意謂有時早上陽光燦爛，傍晚暮色蒼茫；有時早上霧靄朦朧，傍晚雲霞燦爛。「朝」和「夕」是互文，「暉」和「陰」的意思同時屬於「朝」和「夕」。⑦作者運用「互文」的修辭技巧，旨在使語文簡煉，文義含蓄，節奏整齊，音韻和諧，既可以體現多方面、多層次的事物，又可以體現寓變化於整齊之中的審美觀。一般作文，多半是這樣寫的：從早到晚，景象極富變化。

活用練習：吃（　　　）可以（　　　），使人（　　　）。

參考答案㈠：吃（紅棗）可以（補中益氣），使人（精神旺盛）。

「補中益氣」當作「補中氣、益中氣」。

參考答案㈡：吃（龍眼）可以（東邊採西邊吃），使人（逍遙自在）。

「東邊採西邊吃」當作「東邊採來吃，西邊採來吃」。

又如方孝儒〈指喻〉：

浦陽鄭君仲辨，其容闐然，其色渥然，其氣充然，未嘗有疾也。

這段話描述鄭仲辨身體强壯，容光煥發，精神飽滿。「其容闐然，其色渥然，其氣充然」，就整體形式而言，是運用「排比」的修辭手法，旨在增强語文的氣勢，給人一氣呵成的感覺，既可以使結構整齊匀稱，音律鏗鏘，具有節奏感與音樂美；又可以使文意周全，突出重點。一般作文，多半是這樣寫的：「鄭仲辨身體十分强壯，精神十分飽滿。」或「鄭仲辨身心健康，精神愉快。」

活用練習：在（　　　　）之前，必須多（　　　　），多（　　　　），多（　　　　）。

參考答案㈠：在（寫作）之前，必須多（閱讀），多（見聞），多（思考）。

參考答案㈡：在（做事）之前，必須多（看好書），多（交益友），多（充實自己）。

又如韓愈〈師說〉：

生乎吾前，其聞道也，固先乎吾，吾從而師之；生乎吾後，其聞道也，亦先乎吾，吾從而師之。吾師道也，夫庸知其年之先後生於吾乎？是故無貴、無賤、無長、無少，道之所存，師之所存也。

這段話是說聞道有先後，道所在的地方，就是老師所在的地方，既不分地位高低，又不分年齡大小。「生乎吾前，其聞道也，固先乎吾，吾從而師之；生乎吾後，其聞道也，亦先乎吾，吾從而師之。」是運用「排比」的修辭手法。「吾師道也，夫庸知其年之先後生於吾乎？」是運用「設問」的修辭技巧。「是故無貴、無賤、無長、無少，道之所存，師之所存也。」是運用「類疊」的修辭方式。間隔使用「無」字四次，是「類疊」中的「類字」。作者運用「類疊」的修辭手法，既可以突出重點，強調重點，又可以加強敍述的條理性和生動性，增添旋律美和節奏感。一般作文，多半是這樣寫的：「不分年齡大小，不論地位高低，道所在的地方，便是老師所在之處。」或「不分年齡、地位，道所在之處，就是老師所在的地方。」

活用練習：（　　　）又（　　　）、又（　　　）、又（　　　）的（　　　）。

參考答案㈠：（喝一杯）又（香）、又（熱）、又（甜）的（奶茶）。

參考答案㈡：（吃一顆）又（大）、又（紅）、又（甜）的（蘋果）。

又如諸葛亮〈出師表〉：

親賢臣，遠小人，此先漢所以興隆也；親小人，遠賢臣，此後漢所以傾頹也。

此言國家興盛，在於親近賢臣，遠離小人；國家衰亡，在於親近小人，遠離賢臣。就整體形式而言，是運用「排比」的修辭手法；就整體內容而言，是運用「映襯」的修辭技巧。作者運用「映襯」的修辭方式，旨在以此襯彼，使被陪襯的事情更加鮮明、更加突出、更加生動。「親」與「遠」、「賢臣」與「小人」、「興隆」與「傾頹」，都是正反強烈的對比，因此是運用「映襯」的修辭技巧。一般作文，多半是這樣寫的：「任用賢臣，國家就會强盛；任用小人，國家就會衰亡。」

活用練習：（　　）的（　　）多半是（　　）；（　　）的（　　）多半是（　　）。

參考答案㈠：（一貧如洗）的（知識分子）多半是（安貧樂道）；（萬貫家財）的（紈袴子弟）多半是（花天酒地）。

參考答案㈡：（秀外慧中）的（女孩子）多半是（賢妻良母型）；（衣冠禽獸）的（男孩子）多半是（僞君子型）。

又如羅家倫〈道德的勇氣〉：

俗語說：「老和尚成佛，要千修百鍊。」修鍊的時候，是很苦的。時而水火，時而刀兵，時而美女，一件一件的來逼迫他、引誘他。

這段話是闡述和尚修行，必須經過種種的考驗，才能修鍊成佛。「時而水火，時而刀兵，時而美女」，是間隔使用「時而」三次，屬於「類疊」。俗語說：「老和尚成佛，要千修百鍊。」就整體形式而言，是「引用」。就部分形式而言，則是「對偶」。「千」對「百」，「修」對「鍊」，是「對偶」中的「句中對」（又叫「當句對」）。運用「對偶」的修辭手法，旨在增強節奏感，使詞句整齊、勻稱，具有形式美。一般作文多半是這樣寫的：「老和尚要經過很多的修行，才能成佛。」

活用練習：（　　）的人喜歡（　　）。

參考答案(一)：（天真活潑）的人喜歡（遊山玩水）。

參考答案(二)：（沉默寡言）的人喜歡（看書下棋）。

高中修辭教學列舉頂針、互文、排比、類疊、映襯、對偶等六種修辭格，其中頂針、排比、類疊、映襯、對偶等五種修辭手法皆列在《高中文法與修辭》下册，僅互文是課外的。不止闡論各種修辭技巧的作用，也列舉一般作文的詞句，以供比較。此外，還有活用練習，可以練習造好句子。

(四)結論

從比較法談修辭教學，國中列舉譬喻、設問、倒反、引用、藏詞、層遞等六種修辭手法，高中也列舉頂針、互文、排比、類疊、映襯、對偶等六種修辭方法，一共十二種不同修辭技巧。十二種修辭方式的闡析，既可以洞悉各種修辭的作用，也可以從「一般作文」（即「一般詞句」），來比較原來詞句之美，美在何處，又可以從活用練習，練習造好句子，得到學以致用的效果。國文教師在從事範文教學時，若能將這種修辭教學融化於範文教學之中，一則可以使學生欣賞修辭之美，再則可以使學生練習造好句子，有助於作文。

第三節　修辭與作文教學

(一)前言

文章的四重結構，是字、句、章、句。誠如劉彥和《文心雕龍・章句》所說：「夫人之立言，因字而生句，積句而爲章，積章而成篇。篇之彪炳，章無疵也；章之明靡，句無玷也；句之清英，字無妄也；振本而末從，知一而萬畢矣。」篇章是文章的末節，而字句才是根本。我們要寫好一篇文章，必須先從用字、造句、裁章、謀篇入手。

一般人誤以爲修辭學，僅限於「用字」、「造句」，其實還有「裁章」、「謀篇」。鄭文貞的《篇章修辭學》，⑧就是最佳的明證。因此，本文探討修辭與作文教學，擬從用字、造句、裁章、謀篇四部分，加以闡析。

㈡用字與作文教學

用字，是指運用文字。文字是無聲的語言，語言是無形的文字。字一是指表情達意的語言紀錄，也是一種書寫的圖形符號。鄭樵《通志》說：「獨體爲文，合體爲字。」字或文字，都是文字學的術語。在文法學上，把句子小的語言單位，叫做詞。詞，或具有詞彙意義，或具有語法功能，或能表示某種感情色彩。⑨因此，就文字學而言，是「用字」；就文法學而言，是「遣詞」。不論是「用字」或「遣詞」，都是言之有據，持之有故，並非游談無根。

用字遣詞的方法，分爲積極和消極兩方面。積極的方法，重在適當，必須做到適合、生動兩個條件。消極的方法，應該做到明白、準確、平易三個條件。⑩作文勿用怪異、冷僻的字。英國羅素說：「如果有一個短字可用，切不可用一個長字。」假如有容易認識的短字可用，切忌用很難認識的長字，正如沈約所說：「文章當從三易：易見事，一也；易識字，二也；易讀誦，三也。」⑪這裡的「易識字」，是指平易的條件。

用字要做到生動，必須運用積極修辭。積極修辭跟「字」有關的修辭技巧，是「析字」，還有「類疊」中的「疊字」、「類字」及「鑲嵌」中的「鑲字」、「嵌字」、「增字」、「配字」。一般作文：「處世必須要忍耐，修身也要忍耐。」如果改用「析字」的技巧，成爲「處世必須存心上刄，修身也要切記寸邊而。」「心上刄」，就是「忍」字。「寸邊而」，就是「耐」字。一般作文：「別人幫我忙，免不了說一個『謝』字。」運用「析字」的手法，可以改爲：「別人幫我忙，少不了『言身寸』。」或改爲：「別人幫我忙，免不了說『請問三圍』。」「言身寸」合成一個字，就是「謝」字。「請問三圍」，是「言身寸」的衍義，也是「謝」字。「請問三圍」的答案，不是「言身寸」嗎？俗諺說：「文如看山不喜平。」假如作文只說一個「謝」字，平淡無味，寫成「言身寸」或「請問三圍」，文章饒有情趣，易於引起讀者的注意，激發讀者的共鳴。一般作文：「朋友到國外觀光，買了很多贗品，是由於不懂英文或不注意，才買了很多假貨。」「假貨」可以寫成「西貝的東西」。「西貝」合成一個字，就是「賈」，「賈」和「假」諧音。此外，當我們形容「妙不可言」，可以諧音寫成「妙不可鹽」，也可以牽強附會寫成「妙不可醬油」。⑫析字的作用有二：㈠可以使語文隱晦曲折、含蓄有致。㈡可以使語文幽默詼諧，富於情趣。⑬

「類疊」中的「疊字」，既可以增强語勢，渲染氣氛，又可以使形象具體化，更加生動，更可以通過雙聲疊韻，表達情感，還可以同聲同韻，具有音樂美。⑭一般作文只是形容「厚、白、黑、紅、冷、熱、綠」，但運用「疊字」的技巧，可以更加生動、更有奏節感，更具體化。應用「疊字」的修辭方式，可以寫成：「厚沈沈、白皙皙、黑洞洞、紅通通、冷冰冰、熱騰騰、綠油油。」「類疊」中的「疊字」，不僅可以突出重點，强調重點，也可以增强敍述的條理性和生動性，又可以增添旋律美，加强節奏感。⑮一般作文：「他彈唱吉他。」運用「類字」的技巧，可以寫成：「他拿著吉他，又彈又唱。」一般作文：「上班、吃飯、乘車、約會要準時。」運用「類字」的技法，可以寫成：「上班要準時，吃飯要定時，乘車要及時，約會要守時。」

「鑲嵌」中的「鑲字」、「嵌字」、「增字」、「配字」；不但可以加强語意，也可以舒緩語氣，又可以產生延音加力的作用和含蓄蘊藉的修辭作用。⑯一般作文只是形容「清楚、乾淨、顏色、花木、催促、分裂、災難、呼喚、朝夕、風雨、門戶」，如果運用「鑲字」的技巧，可以寫成：「一清二楚、一乾二淨、五顏六色、一花一木、三催四請、四分五裂、三災五難、千呼萬喚、一朝一夕、十風五雨、千門萬戶。」一般作文：「我到市場去買橘子、香蕉、西瓜、鳳梨。」假如運用「嵌字」，可以寫成：「我到東市買橘子，西市買香蕉，南市買西瓜，北市買鳳梨。」「增字」，是指同義字的重複使用，在文法上叫做同義複詞。例如：「畏懼、晨朝、涼冷、車輿、眠臥、仕宦、寬廣、博大、崩殂」，這些同義字如果只用其中一個字，在文章中念起來就不太順；若重複使用同義字，則更流暢。「配字」，是指異義字的重複使用——在文法上叫做偏義複詞。例如：「互通有無」，偏在「無」，而「有」是配字：「輕重緩急」，偏在「重」和「急」，而「輕」和「緩」是配字。「比較異同」，偏在「異」，而「同」是配字。「三長兩短」，偏在「兩短」，而「三長」是配字。「一點動靜也沒有」，偏在「動」，而「靜」是配字。

遣詞要做到生動，必須運用跟「詞」有關的修辭手法。除了「析詞」、「藏詞」以外，其他各種修辭格多半與「詞」有關。限於篇幅，僅闡述「析詞」、「藏詞」。「析詞」不止可以使語文富有變化，風趣生動，也可以使語文更有力量，諷刺犀利。⑰例如郭沫若〈我的童年〉：

他擔任世界地理，他的講義模仿的是章太炎的筆法，寫些古而怪之、怪而古之的奇字，用些顛而倒之、倒而顛之的奇句。

本來是「古怪」二字，運用「析詞」的修辭技巧，寫成：「古而怪之、怪而古之」。本來是「顛倒」二字，運用「析詞」的修辭手法，寫成：「顛而倒之、倒而顛之」。又如「推波助瀾」，可以運用「析詞」的技巧，寫成：「我們必須推自由、民主之波，助均富、安和之瀾，才能使國家富强，社會繁榮，民生安定。」

「藏詞」既可以使語文簡潔含蓄，形象鮮明，詼諧幽默，引起讀者的聯想和回味，又可以激發讀者的閱讀興趣，增强語文的藝術效果。⑱例如魯迅《阿Q正傳》：

誰知道他將到而立之年，竟被小尼姑害得飄飄然了。

「而立之年」，是三十歲。「三十而立」，原來「而立」代「三十」，是藏詞。又如「不惑之年」，是四十歲。「四十而不惑」，「不惑」代「四十」，也是藏詞。

作文教學假如能夠在用字、遣詞方面，多教學生使用「析字」、「類字」、「疊字」、「鑲嵌」、「析詞」、「藏詞」的修辭技巧，既可以使文章更豐美，也可以做到用字與作文教學結合在一起。

㈢造句與作文教學

造句最容易犯的毛病有二：㈠造不通順的句子，㈡造不明白的句子。所謂「造不通順的句子」，是指文法上有錯誤。所謂「造不明白的句子」，是指文法上沒有錯誤，但語意不完整。例如：「我請他」，是主語加述語加賓語，屬於敍述句，但語意未完全，必須再加文字。若增加「喝茶」二字，成爲「我請他喝茶」，語意便完整。造句必須注意明白、和諧、生動三個條件，才能使語意清楚。

造句要做到生動，必須運用「排比」、「類疊」中的「類句」、「疊句」的修辭技巧。多用「排比」的句法，不僅可以使語文具有節奏感和音樂美，也可以使論點更嚴密、更透徹、更有條理，又可以增強文章的氣勢或感染力。⑲例如聶華苓〈千山外，水長流〉：

他吹起笛子，相思悠悠而起。一絲笛聲，一份鄉情，一種色彩，一個舞姿，吹出了中國山山水水的風情。

「一絲笛聲，一份鄉情，一種色彩，一個舞姿」，是四個分句的「排比」，結構整齊，音律鏗鏘，富有奏節感。

又如張秀亞〈談靜〉：

水流、花落、雲移、山在……在寂靜中，我們的精神與大自然合而為一了，我們將變得更純樸，更和悅，更智慧，也更恬靜了，心湖是一片澄明，萬物的影子皆清晰的反映其上。

「水流、花落、雲移、山在」，是四個分句的「排比」，組織勻稱，抑揚頓挫，具有音樂美。「更純樸，更和悅，更智慧，也更恬靜了」，也是四個分句的「排比」，旨在抒發強烈的情感，增強文章的氣勢。間隔使用相同的「更」字，又是「類疊」中的「類字」。

又如朱自清〈春〉：

一切都像剛睡醒的樣子，欣欣然張開了眼。山朗潤起來了，水長起來了，太陽的臉紅起來了。

「一切都像剛睡醒的樣子，欣欣然張開了眼。」是「譬喻」中的「詳喻」。「一切」是「喻體」，「像」是「喻詞」，「剛睡醒的樣子」是「喻依」，「欣欣然張了眼」，是「喻旨」，也叫「喻解」。「山朗潤起來了，水長起來了，太陽的臉紅起來了」，是三個分句的「排比」，兼「類疊」中的「類字」。間隔使用相同的「起來了」，因此是「類字」。

又如「打兩個滾，踢幾腳球，賽幾趟跑，捉幾回迷藏」，也是分句的「排比」；但間隔使用相同的「幾」字，又是「類疊」中的「類字」。「個」、「腳」、「趟」、「回」，是抽換詞面的「錯綜」。

「類疊」中的「類句」、「疊句」，也可以使造句更生動。所謂「類句」，是指間隔使用相同的分句。例如徐志摩〈我不知道風是在那一個方向吹〉：

我不知道風是在那一個方向吹，
我是在夢中，
在夢的輕波裡依洄。

我不知道風是在那一個方向吹，
我是在夢中，
她的溫存，我的迷醉。
我不知道風是在那一個方向吹，
我是在夢中，
甜美是夢中的光輝。
我不知道風是在那一個方向吹，
我是在夢中，
她的負心，我的傷悲。

間隔使用相同的「我不知道風是在那一個方向吹」、「我是在夢中」，都是「類疊」中的「類句」。這兩種類句，好像繩子一樣地貫穿全文，使前後文互相呼應，結構更加周密。

又如維吾爾族民歌〈姑娘家裡雖窮〉：

姑娘家裡雖窮，
她有一雙能勞動的手；

姑娘家裡雖窮，
她能騎上馬兒牧放羊羣；
姑娘家裡雖窮，
她有一顆純潔的心；
姑娘家裡雖窮，
我願與她一起勞動。

間隔使用相同的「姑娘家裡雖窮」，是「類疊」中的「類句」。全文重點闡述娶妻娶德，不娶色，也不娶富，只要心地善良，工作能力强，便是理想的配偶。

所謂「疊句」，是指重複使用相同的分句。例如徐志摩《落葉集・蘇蘇》：

蘇蘇是一個癡心的女子：
像一朵野薔薇，她的丰姿，
像一朵野薔薇，她的丰姿——
來一陣暴風雨，摧殘了她的身世。
這荒草地裡有她的墓碑：

淹沒在蔓草裡，她的傷悲；
淹沒在蔓草裡，她的傷悲——
啊，這墓土裡化生了血染的薔薇。

使用相同的兩個疊句「像一朵野薔薇，她的丰姿」，旨在强調蘇蘇的丰姿美態。使用相同的兩個疊句「淹沒在蔓草裡，她的傷悲」，旨在凸顯蘇蘇的遭遇十分悲哀。

又如陳曉薔〈萬籟〉：

「打開你的窗子，打開你的窗子。」是鳥兒張張惶惶的來報曉了。

使用相同的兩個疊句「打開你的窗子」，旨在闡述鳥兒報曉的情景，表達熱烈的情緒，深切的感觸，因此一而再，再而三地反覆申說。

作文教學如果能夠在造句方面，多教學生使用「排比」、「類句」、「疊句」的修辭手法，既可以使造句與作文教學聯繫，又可以使文章更生動，更感人。

㈣裁章與作文教學

所謂「裁章」，就是文章的分段，又叫做文章的段落。文章分段有五個原則：㈠每段不但要有一個中心思想，並且要完整而獨立。㈡每段中心思想，要統一而切忌包含很多主題。㈢每段有多少句子比較恰當，隨著中心思想來決定。㈣段與段要互相聯貫。㈤文章中的對話，可以分段敍述，比較清晰、明白。⑳

每段的中心思想，可以放在每段的開頭、結尾或在中間。例如維吾爾族民歌〈在那高高的山上〉：

在那高高的山上，
飄蕩著朵朵的白雲。
那不是白雲啊！
是情人牧放的羊羣。

在那高高的山上，
閃亮著一盞紅燈。

那不是紅燈啊，
是情人火紅的紗裙。

在那高高的山上，
我和情人相遇，
她像投進湖中的石子，
擊碎我心中的平靜。

每段開頭使用相同的「在那高高的山上」，是「類疊」中的「類句」，扣緊題目，再加以發揮。如此，前後段既統一，又聯貫。至於段與段的聯貫，也可以運用段與段之間的「頂針」，例如王蓉芷〈只要我們有根〉：

那挺立的樹身，仍舊，
我們擁有最真實的存在，
只要我們有根。

只要我們有根，
縱然沒有一片葉子遮身，
仍舊是一株頂天立地的樹。

「只要我們有根」，是運用「頂針」的修辭手法，使前後段互相聯貫。每段的中心思想，除放在開頭外，也有放在段落的中間。例如維吾爾族民歌〈姑娘變了心〉：

門前有朵石榴花，
石榴花的香味你可喜歡？
姑娘既然對你變了心，
何必拿寶石去把石頭交換？

門前有一座柳樹林，
林中的樹木誰能數得清？
姑娘既然對你變了心，

這樣的人怎能做你的情侶？

間隔使用相同的「姑娘既然對你變了心」，是「類疊」中的「類句」。「姑娘既然對你變了心」，既是文章的中心思想，又是段落的中心思想，但卻放在段落的中間，而且前後段彼此聯貫。首段重複使用「石榴花」，是「頂針」。末段重複使用「林」字，也是「頂針」。

每段的中心思想，也有放在結尾的。例如哈薩克族民歌〈姑娘多欣歡〉：

純真的愛情是互不欺騙，
心胸開闊的青年不悲觀，
哎嗨，可愛的姑娘多欣歡。

瞌睡時黑礁石也覺得柔軟，
真正的愛情不在臉上分辨，
哎嗨，可愛的姑娘多欣歡。

我不知等待你多少天，

為了你我的馬出了一身汗，
哎嗨，可愛的姑娘多欣歡。

你就像羣馬中的騏驥，
我翻山越嶺來到你家門前，
哎嗨，可愛的姑娘多欣歡。

間隔使用相同的「哎嗨，可愛的姑娘多欣歡」，是「類疊」中的「類句」。「哎嗨，可愛的姑娘多欣歡」，是全文的重點，也是段落的重點，但卻放在段落的結尾，並且前後段互相聯貫。「欣歡」是「歡欣」的「倒裝」，爲了詩文格律而「倒裝」。「騙」、「觀」、「歡」、「軟」、「辨」、「歡」、「天」、「汗」、「前」、「歡」，都是押ㄢ韻。

作文教學時，除教學生分段的原則外，也可以把修辭技巧告訴學生，使學生洞悉修辭技巧既可以運用在每段的開頭、結尾，也可以運用在每段中間，因此裁章與作文教學是息息相關的。

㈤謀篇與作文教學

所謂「謀篇」，就是文章的布局，也叫做文章的結構。文章的布局有三個重要的項目：㈠安置重要語，㈡注意順序，㈢開頭和結尾。

文章的開頭方法很多，可以運用「排比」開頭，例如朱自清〈匆匆〉：

燕子去了，有再來的時候；楊柳枯了，有再青的時候；桃花謝了，有再開的時候。

就整體形式而言，是「排比」。但就部分內容而言，「燕子去了，有再來的時候」，是「映襯」。「楊柳枯了，有再青的時候」，也是「映襯」。「桃花謝了，有再開的時候」，又是「映襯」。就部分形式而言，間隔使用相同的「了」字和「有……的時候」，是「類疊」中的「類字」。因此，不僅「排比」可以運用在文章的開頭，連「映襯」、「類字」都可以使用在文章的開頭。

文章的開頭也可以使用「設問」，例如胡適〈差不多先生傳〉：

你知道中國最有名的人是誰？提起此人，人人皆曉，處處聞名。他姓差，名不多，是

各省各縣各村人氏。

作者運用自問自答的「提問」，點出題目的重點，也是這篇文章的主要人物——差不多先生。文章的開頭可以運用「設問」，文章的結尾也可以運用「設問」，例如朱自清〈匆匆〉的最後一段：

你，聰明的，告訴我，我們的日子為什麼一去不復返呢？

「我們的日子爲什麼一去不復返呢」，這也是運用「設問」，但屬於問而不答的「設問」。「設問」不僅可以運用在文章的開頭、結尾，也可以運用在中間段落，例如蔣中正〈我們的校訓〉：

所謂「做人的道理」是什麼呢？簡單地講，就是我們的校訓——禮、義、廉、恥——四個字。

這也是作者運用自問自答的「設問」。所謂「做人的道理」，就是禮、義、廉、恥。

文章的結尾，除運用「設問」外，也可以運用「引用」。例如甘績瑞〈從今天起〉：

古人說：「從前種種，譬如昨日死；以後種種，譬如今日生。」這句話中間，我們應當注意「昨日死」、「今日生」六個字。

作者運用「引用」作結尾。作者引用明朝袁黃《了凡四訓》：「從前種種，譬如昨日死；從後種種，譬如今日生。」作者改「從」爲「以」，因此嚴格來說，應該屬於「襲改」。再從內容而言，「昨日死」與「今日生」是正反對比，又是「映襯」。

一篇文章的重要語，不但可以放在篇首，也可以放在篇中或篇末。例如范壽康〈發揚臺灣精神〉，首段第一句話就說：

甚麼是臺灣精神？簡單明白地說，就是鄭成功的精神。

這是重要語放在首段的開頭。作者運用自問自答的「設問」，使文章不枯躁乏味。臺灣精神就是鄭成功的精神，這是全文的主旨。文章的重要語有時放在篇中，例如任鴻雋〈科學的頭腦〉，在第二、三、四、五段是這樣說：

怎樣才可以養成科學的頭腦呢?

第一要注重事實。……

第二要了解關係。……

第三要精密正確。……

第四要力求透徹。……

最後一段才說:「以上四點,僅僅是個人日常生活上的幾種習慣,平淡無奇的,沒有什麼大了不起,可是它們卻是養成科學頭腦的必要條件。」由此可知,注重事實、了解關係、精密正確、力求透徹,是養成科學頭腦的必要條件,也是全文的中心思想。

文章的重要語,也可以放在末段。例如哈薩克族民歌〈姑娘的心等急了〉:

百靈鳥啊!請不要再叫,

姑娘的心啊!多麼煩躁;

晚霞啊!請不要映照,

姑娘的臉啊!紅得發燒。

牧羊人啊！請不要再唱，
埋藏心底的事啊！姑娘早知道；
月亮啊！請不要在雲裡躲藏，
姑娘的心啊！早就等急了。

「姑娘的心啊！早就等急了。」是全文中心思想，但卻放在結尾。作者運用「呼告」的修辭技巧，闡述姑娘心急的狀況。

作文教學時，如果教師可以告訴學生文章的布局方法，使學生能扣緊題目，並且運用修辭技巧，使文章更豐贍，更生動。

㈥結論

用字遣詞、造句、分段、布局不僅與作文教學是密不可分的，而且用字遣詞、造句、分段、布局與修辭技巧也是息息相關的，因此修辭與作文教學的關係是十分密切的。

附註

①見教育部印行，高級中學課程標準，頁四二五，民國八十五年六月初版。

②香港稱「語文」，大陸也叫「語文」，臺灣叫「國文」。

③就修辭教學而言，香港中一至中三，相當於臺灣國一至國三。香港中一至中三語文課本，每册皆有修辭教學，如啓思出版社印行的《中國語文》課本，在每册書末附有「修辭法簡表」，可資教學參考。

④香港啓思版《中國語文》，將「我這樣大年紀的人，難道不能料理自己麼？」列入「反問」的修辭法。「反問」，又叫「反詰」。其實，「設問」可分爲「提問」、「激問」、「反問」三種，「反問」也是「設問」的一種。

⑤香港啓思版《中國語文》，把「唉！我現在想想，那時眞是太聰明了！」列入「反語」的修辭法。「反語」，又叫「倒反」。

⑥所謂藏詞，是指在語文中，故意隱藏人們所熟稔的詞語、成語或俗語的一部分，只講詞語、成語或俗語中另一部分，以代替本來的詞語的一種修辭技巧。藏詞分爲藏頭、藏腹、藏尾三種。所謂藏頭，是指在語文中，截取詞語的後半部，而隱藏本詞的前半部的藏詞。所謂藏腹，是指在語文中，隱藏詞語的中間部分，而截取尚存部分來代替本詞的藏詞。所謂藏尾，是指在語文中，截取詞語的前半部，而隱藏本詞的後半部的藏詞。

⑦參閱啓思出版社印行的《中國語文》第六册，頁三一二。所謂互文，是指在語文中，把屬於一個句子或短語的意思，分寫成兩個句子或短語，解釋時要把上下句的意思互相補足，才能得到完整的

意思的一種修辭技巧。

⑧鄭文貞《篇章修辭學》，廈門大學出版社印行，一九九一年六月初版。全書共分八章，主要闡述篇章的基本構件和特殊構件、篇章組織的方法和手段。

⑨參閱黃師慶萱《高級中學文法與修辭教師手冊》上册，頁三十五，國立編譯館印行，民國七十五年（一九八六年）八月初版。

⑩參閱拙作《文燈》，頁二十一，國語日報社出版部印行，民國六十六年八月初版。

⑪見顏之推《顏氏家訓》，頁二十一，上海古籍出版社印行，一九九二年一月初版。

⑫參閱黃師慶萱《修辭學》，頁一七四，三民書局印行，民國六十四年一月初版。

⑬參閱陸稼祥、池太寧主編《修辭方式例解詞典》，頁二五二，浙江教育出版社印行，一九九〇年九月初版。

⑭同⑬，頁四十到四十一。

⑮同⑬，頁六十九。

⑯同⑬，頁二五六至二五七。。

⑰同⑬，頁二四八。

⑱同⑬，頁三十三。

⑲同⑬，頁一六六。

⑳同⑩，頁二十三至二十四。

第六章　考試篇

第一節　近年大學聯考國文科修辭題解析

(一)民國八十九年

(　)10.古文常有同為一字而詞性不同的現象，其中又以先動詞而後名詞的用法較常見。選出下列文句中不屬於此種用法的選項 (A)子夏曰：「賢」「賢」易色，事父母能竭其力 (B)楚威王聞莊周賢，「使」「使」厚幣迎之 (C)不獨「親」其「親」，不獨「子」其「子」 (D)於是齊侯以晏子之「觴」而「觴」桓子。

答：(D)。

(D)晏子之「觴」是名詞，「觴」桓子，是動詞，這在修辭學上是「轉品」。

（　）17.《孟子》一書以比喻見長，選出下列正確的敘述　(A)孟子所用的比喻，淺顯而生動，如「以五十步笑百步」、「爲長者折枝」，皆寓說理於具體形象之中　(B)孟子有些比喻在實際生活中並不存在，如「挾泰山以超北海」、「緣木求魚」，雖誇張卻不失其說服力　(C)孟子運用比喻時，往往兩兩對照，如「力足以舉百鈞，而不足以舉一羽；明足以察秋毫之末，而不見輿薪」，都具有強而有力的說理效果　(D)孟子有全章都用比喻者，如以「牛山之木嘗美矣」喻人性本有善端；又以「斧斤伐之」、「牛羊又從而牧之」喻善性受後天環境之殘害，漸失其善；最末再以「夜氣不足以存」比喻操持存養工夫的重要　(E)孟子善用比喻論學，如以「譬如爲山，功虧一簣」喻不可半途而廢；用「工欲善其事，必先利其器」喻培養仁德須先得良師益友。

答：(A)(B)(C)(D)。

(E)是錯在「孟子」，若改爲「孔子」，則(E)也是對。這五句皆是譬喻。

(二)民國八十八年

（　）20.語言裡的慣用語主要是以「三字格」（三言）爲其基本形式，但其語詞的意義往往不是字面上原來的意義，而是透過比喻和引申產生新的意義，例如「開夜車」是形容工作或讀書到深夜很晚的時候，而非眞的夜間開車，下列「　」內的語詞屬於此類慣用語的選項是　(A)現今景氣不佳，各行各業中被「炒魷魚」者也日益增加　(B)老胡每次都在開檢討會時，說得頭頭是道，眞不愧是「馬後炮」專家　(C)老李不但多金，又出手大方，許多飯店酒店的服務生奉之有如「財神爺」　(D)他跟同學約好在火車站見面，卻被同學「放鴿子」，等了好久，都不見半個人影　(E)遇到責任的歸屬問題，各部門之間往往相互「踢皮球」，使得當事人常求訴無門。

答：(A)(B)(C)(D)(E)。

(A)(B)(C)(D)(E)都是譬喻中的借喻。

（　）24.文學作品中，常見將抽象聽覺具體形象化的技法，例如白居易〈琵琶行〉將琵琶聲之激越，以「銀瓶乍破水漿迸，鐵騎突出刀槍鳴」具體形象化，下列文句中同樣具有將抽象聽覺具體形象化之技法的選項是　(A)張讓〈夏天燃起一把火〉：陽光好亮，透過葉隙叮叮噹噹擲下一大把金幣　(B)楊牧〈山谷記載〉：「我躲進有紗窗的屋裡，聽蚊蚋撞玻璃門的聲音，青蛙跳水的聲音　(C)張秀亞〈杏黃月〉：那低咽的簫聲又傳來了，幽幽的，如同一隻到處漫遊的火焰微弱的螢蟲，飛到她的心中　(D)歐陽修〈秋聲賦〉：歐陽子方夜讀書，聞有聲自西南來者……初淅瀝以蕭颯，忽奔騰而砰湃……又如赴敵之兵，銜枚疾走，不聞號令，但聞人馬之行聲 (E)劉鶚〈明湖居聽書〉：彷彿有一點聲音，從地底下發出。這一出之後，忽又揚起，像放那東洋煙火，一個彈子上天，隨化作千百道五色火光，縱橫散亂，這一聲飛起，即有無限聲音，俱來並發。

答：(C)(D)(E)。

(C)(D)(E)都是譬喻中的明喻，譬喻的功用是用具體說明抽象。

(三)民國八十七年

(　)16.甲、和風細雨兆豐年　乙、白雪銀枝辭舊歲　丙、日麗風和門庭有喜　丁、月圓花好家室咸宜　以上四句爲兩副對聯，依據一般對聯的形式，下列敍述正確的選項是 (A)甲乙爲一副春聯，甲爲上聯，乙爲下聯 (B)甲乙爲一副春聯，乙爲上聯，甲爲下聯 (C)丙丁爲一副賀新婚聯，丁爲上聯，丙爲下聯 (D)丙丁爲一副賀新婚聯，丙爲上聯，丁爲下聯 (E)丙丁爲一副賀新居聯，丙爲上聯，丁爲下聯。

答：(B)(D)。

(A)(C)上聯末字是仄聲，下聯末字是平聲。

(　)17.「喝酒不開車，開車不喝酒」這句標語的結構，是以上句相同的文字改換次序而形成下句，下列文句中同樣具有此種結構的選項是　(A)詩中有畫，畫中有詩　(B)信言不美，美言不信　(C)我泥中有你，你泥中有我　(D)君子周而不比，小人比而不周　(E)月光戀愛著海洋，海洋戀愛著月光。

答：(A)(B)(C)(E)。

題幹和(A)(B)(C)(E)都是回文的寬式回文。

（　）20.媽媽並非「萬能」，但是沒有媽媽卻「萬萬不能」。上述文句是將「」裡原有的語詞拆開，再增添文字，另作新解。下列文句中「」內的語詞，也具有此類相同作法的選項是　(A)辦公室裡單身光棍的劉先生眞是「可愛」，大家一致公認他「可憐沒人愛」　(B)表哥平日熱心公益，積極加入「義消」，成爲人人敬佩的「義勇消防隊員」　(C)兩位環保調查員至現場調查「公害」，不料在當地竟慘遭圍毆，「公然遇害」　(D)老張發生車禍，直呼「倒楣」，而家中又連連遭竊，的確是「倒了八輩子的楣」　(E)李小姐結婚，原本喜獲「良人」，人財兩失之後，方才醒悟良人原是「良心欠缺之人」。

答：(A)(C)(E)。

題幹和(A)(C)(E)都是飛白。

第二節　近年大學甄試國文科修辭題解析

(一)民國八十九年

（　）8.下列詩句，沒有對仗的選項是　(A)青青河畔草，綿綿思遠道　(B)掬水月在手，弄花香滿衣　(C)芳樹籠秦棧，春流遶蜀城　(D)曉鏡但愁雲鬢改，夜吟應覺月光寒。

答：(A)。

(A)「河」與「思」沒有對仗。「河」是名詞，「思」是動詞。對仗，又叫對偶。

（　）18.我國語文在表達數量時，為了修辭、音韻、節奏等需要，往往不直接道出，而使用拆數相乘的手法，如「五五之喪」，指守二十五個月的喪期，意即三年之喪。下列敘述，使用這種數量表示法的選項是　(A)蓋予所至，比好遊者尚不能「十一」　(B)「三五」之夜，明月半牆，桂影斑駁　(C)年時「二八」新紅臉，宜笑宜歌羞更歛　(D)讀書一事，也必須有「一二」知己為伴，時常大家討論，才能進益　(E)暮春者，春服既成；冠者「五六」人，童子「六七」人，浴乎沂，風乎舞雩，詠而歸。

答：(B)(C)。

題幹和(B)(C)都是析數中的乘法。

（　）19.以形象化的語言描繪抽象的情思，可使讀者獲得更鮮明的印象，更確實的感動，如「母愛是曬衣場上曬乾的衣服，暖暖的，有太陽的氣味」，比「母愛是世間最溫馨無私的愛」更加具體可感。下列運用這種技巧的選項是　(A)砌下落梅如雪亂，拂了一身還滿　(B)西湖最盛，爲春爲月。一日之盛，爲朝煙，爲夕嵐　(C)是夜大霧漫天，長江之中，霧氣更甚，對面不相見　(D)孤獨是一匹衰老的獸／潛伏在我亂石磊磊的心裡　(E)忽然想起／但傷感是微微的了／如遠去的船／船邊的水紋。

答：(A)(D)(E)。

題幹和(A)(D)(E)都是運用譬喻。(A)(E)都是明喻，(D)是隱喻，又叫暗喻。

(二)民國八十八年

（　）18.文章中多次重複的字詞，作者往往有其深意。下列有關重見語詞的敘述，正確的選項是　(A)〈與元微之書〉連呼「微之，微之，微之」四次，表露作者對好友想念之殷切　(B)〈祭十二郎文〉用四十二個「汝」字，表達作者與已逝姪兒間親近的想念　(C)〈醉翁亭記〉用二十一個「也」字，造成文章迴環往復、迂迴宛轉之氣韻　(D)〈六國論〉

「賂」字重見十次，作者亟言六國賂秦之弊，藉以諷諭當時朝廷不應實施賄賂外交

(E)〈留侯論〉中「忍」字重見九次，作者以張良一生能忍之事蹟，勸諫朝廷對於外敵當忍辱負重。

答：(A)(B)(C)(D)。

(A)(B)(C)(D)都是類疊，也叫複疊，又叫反覆。

(　)19.「顧修史固難，修臺之史更難，以今日修之尤難」，此三句之文意有程度上的層層推進。下列文句，屬於此種表現方式的是 (A)九姑之聲清以越，六姑之聲緩以蒼，四姑之聲嬌以婉 (B)不違農時，穀不可勝食也；數罟不入洿池，魚鼈不可勝食也；斧斤以時入山林，材木不可勝用也 (C)始臣之解牛之時，所見無非牛者；三年之後，未嘗見全牛也。方今之時，臣以神遇而不以目視，官知止而神欲行 (D)初看傲來峯削壁千仞，以爲上與天通；及至翻到傲來峯頂，才見扇子崖更在傲來峯上；及至翻到扇子崖，又見南天門更在扇子崖上；愈翻愈險，愈險愈奇 (E)說到對土地的感情，穿皮鞋的不如穿布鞋的，穿布鞋的不如穿草鞋的跟赤腳的。連赤腳也有程度之分，那些踏過水田裡爛泥漿的腳，就要比走硬土的人感受得更加深刻一些。

答：(C)(D)(E)。

題幹和(C)(D)(E)都是層遞。

（　）22.文學作品常使用比喻。所謂比喻，即作者以類似的聯想，選取另外的事物來描繪原有事物的特徵。例如「我的心情像土撥鼠在挖洞」，就是以「土撥鼠挖洞」的類似聯想來比喻「想找到出口」的心情。下列《神鵰俠侶》的文句，使用比喻寫法的選項是　(A)他順勢划上，過不多時，波的一響，衝出了水面，只覺陽光耀眼，花香撲鼻，竟是別有天地　(B)轉過一個山峽，水聲震耳欲聾，只見山峯間一條大白龍似的瀑布奔瀉而下，衝入一條溪流，奔騰雷鳴，湍急異常　(C)只見一個白衣女郎緩緩的正從廳外長廊上走過，淡淡陽光照在她蒼白的臉上，清清冷冷，陽光似乎也變成了月光　(D)楊過日日在海潮之中練劍，日夕如是，寒暑不間。木劍擊刺之聲越練越響，到後來竟有轟轟之聲，響了數月，劍聲卻漸漸輕了，終於寂然無聲　(E)朱子柳突然除下頭頂帽子，往地下一擲，長袖飛舞，狂奔疾走，出招全然不依章法。但見他如瘋如顛、如酒醉、如中邪，筆意淋漓，指走龍蛇。

答：(B)(C)(E)。

(B)(C)(E)都是譬喻。

㈢民國八十七年

（　）4.㈠總統直選，全民做「頭家」㈡向歷史負責，爲將來「打拼」㈢選戰花招讓大家看得「霧煞煞」(丁)商品一律七折，特賣會場「强强滾」(戊)天王巨星登場，魅力果然「紅不讓」(己)黃小姐受到驚嚇，「歇斯底里」地衝出屋外。上列文句「」內的詞彙，皆屬目前常見，其中來自閩南方言的是　(A)甲乙丙丁　(B)甲丙丁戊　(C)甲乙丙丁戊　(D)甲丙丁戊己。

答：(A)。

(A)甲乙丙丁都是閩南方言的異語。

（　）20.「香煙銷肺者請自重！」是一句警告標語，「銷肺者」一詞乃借用同音異義字來達成其特殊效果。下列文句「」內的語詞，也屬於此類諧音詞的選項是　(A)一眼望去，臺北街頭盡是「酷哥辣妹」　(B)青少年對於師長的訓誡多半「一言九頂」，勇於辯解　(C)大人們對新新人類如此沉迷於「青春嘔像」十分不解(D)好友們苦口婆心地勸告，聽在他耳裡卻都成了「廢腐之言」(E)教師節當天，李教授的E-mail出現了這樣的話：老師，眞謝謝您的「毀人不倦」。

答：(B)(C)(D)(E)。

題幹和(B)(C)(D)(E)都是飛白。

主要參考書目

修辭學　黃慶萱著　臺北：三民書局　民國六十四年一月初版
修辭學　沈謙著　臺北：國立空中大學　民國八十年二月初版
修辭析論　董季棠著　臺北：文史哲出版社　民國八十一年六月增訂初版
實用修辭學　黃麗貞著　臺北：國家出版社　民國八十九年四月初版
修辭學發凡　陳望道著　香港：大光出版社　一九八一年一月初版
修辭學發微　徐芹庭著　臺北：臺灣中華書局　民國六十年三月初版
演講修辭學　蔣金龍著　臺北：黎明文化事業股份有限公司　民國七十年六月初版
修辭學講話　陳介白著　臺北：信誼書局　民國六十七年七月初版
修辭學論叢　洪北江主編　臺北：樂天出版社　民國五十九年五月初版
修辭方式例解詞典　陸稼祥、池太寧主編　浙江：浙江教育出版社　一九九〇年九月初版

表達的藝術——修辭二十五講　蔡謀芳著　臺北：三民書局　民國七十九年十二月初版
修辭與邏輯　吳家珍、劉培育、胡耀鼎編講　北京：中國國際廣播出版社　一九八二年十一月初版
文學和語文裡的修辭　楊子嬰、孫芳銘、王宜早著　香港：麥克米倫出版有限公司　一九八七年初版
修辭學綱要　劉煥輝著　江西：百花洲文藝出版社　一九九一年二月初版
辭格匯編（增訂本）　黃民裕著　湖南：湖南出版社　一九八四年四月初版
高級中學文法與修辭教科書（下册）　黃慶萱著　臺北：國立編譯館　民國七十五年八月初版
高級中學文法與修辭教師手册（下册）　黃慶萱著　臺北：國立編譯館　民國七十六年一月初版
漢語修辭學　王希杰著　北京：北京出版社　一九八三年十二月初版
修辭學　李維琦編著　湖南：湖南人民出版社　一九八六年十月初版
脩辭學　傅隸樸著　臺北：正中書局　民國五十八年三月臺初版
陳騤文則新論　蔡宗陽著　臺北：文史哲出版社　民國八十二年三月初版
修辭通鑒　成偉鈞、唐仲揚、向宏業主編　北京：中國青年出版社　一九九一年六月初版

漢語修辭格大辭典　唐松波、黃建霖主編　北京：中國國際廣播出版社　一九八九年十二月初版

教學類 K063

應用修辭學

作　　者　蔡宗陽
責任編輯　吳家嘉

發 行 人　陳滿銘
總 經 理　梁錦興
總 編 輯　陳滿銘
副總編輯　張晏瑞
編 輯 所　萬卷樓圖書(股)公司
排　　版　浩瀚電腦排版(股)公司
印　　刷　百通科技(股)公司
封面設計　小雨

發　　行　萬卷樓圖書(股)公司
臺北市羅斯福路二段 41 號 6 樓之 3
電話　(02)23216565
傳真　(02)23218698
電郵　SERVICE@WANJUAN.COM.TW
大陸經銷
廈門外圖臺灣書店有限公司
電郵　JKB188@188.COM

ISBN 957-739-352-7
2014 年 8 月初版八刷
2001 年 12 月初版
定價：新臺幣 320 元

如何購買本書：
1. 劃撥購書，請透過以下帳號
　帳號：15624015
　戶名：萬卷樓圖書股份有限公司
2. 轉帳購書，請透過以下帳戶
　合作金庫銀行　古亭分行
　戶名：萬卷樓圖書股份有限公司
　帳號：0877717092596
3. 網路購書，請透過萬卷樓網站
　網址　WWW.WANJUAN.COM.TW
大量購書，請直接聯繫，將有專人為您服務。(02)23216565 分機 10

如有缺頁、破損或裝訂錯誤，請寄回更換

國家圖書館出版品預行編目資料

應用修辭學 / 蔡宗陽著.
-- 初版. -- 臺北市：萬卷樓, 民 90
面；　公分
ISBN 957-739-352-7(平裝)
1.國文－教學法 2.中國語言－修辭
3.中等教育－教學法

524.31　　90007769